SPIELFELD

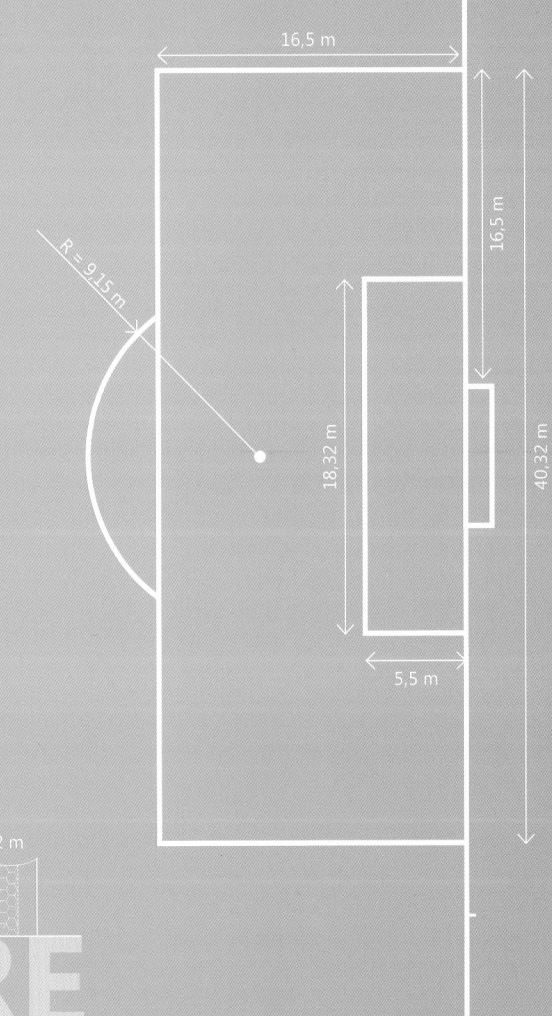

16,5 m

16,5 m

R = 9,15 m

18,32 m

40,32 m

5,5 m

7,32 m

2 m

2,44 m

TORE

Fußballfeld nach FIFA-Richtlinien

Alexander Zöller

FUSSBALL LEBEN

18 Sportler über Glauben, Sieg und Niederlage

SCM

SCM

Stiftung Christliche Medien

Der SCM-Verlag ist eine Gesellschaft der Stiftung Christliche Medien, einer gemeinnützigen Stiftung, die sich für die Förderung und Verbreitung christlicher Bücher, Zeitschriften, Filme und Musik einsetzt.

Dieses Werk ist in Zusammenarbeit mit dem SRS e.V. entstanden.

2. Auflage 2014
© 2014 SCM Kläxbox im SCM-Verlag GmbH & Co. KG
Bodenborn 43 · 58452 Witten
Internet: www.scmedien.de; E-Mail: info@scm-klaexbox.de

Gesamtgestaltung: Typowerk GbR, Weyerbusch
Druck und Bindung: Finidr s.r.o.
Gedruckt in Tschechien
ISBN 978-3-417-28639-7
Bestell-Nr. 228.639

INHALT

„Das Beste kommt noch!"

LINVOY PRIMUS

FUSSBALL – LEBEN

LIEBER FUSSBALLFREUND,

in den letzten Monaten habe ich Spieler und Trainer kennengelernt, die Fußball leben und nicht einfach nur spielen. Manche schon lange zurückliegenden Momente ihrer Karriere erzählten sie so detailreich, als wäre das alles erst gestern passiert. Sie gewährten mir tiefe Einblicke hinter die sonst verschlossenen Türen der großen Clubs und in ihre persönliche Gefühlswelt. Die intensiven Erfahrungen dieser Sportler mit Sieg und Niederlage haben mich als Fußballer fasziniert. Beim Schreiben durchlebte auch ich ihre Geschichten. Ich hoffe, dass es dir beim Lesen genauso geht.

Die Leidenschaft für den Sport und das Vertrauen in Jesus Christus eint diese Fußballer. Ihre einzelnen Karriereschritte verbinden sich so zu einem **Fußball-Leben,** in dem Gott die Hauptrolle spielt. Dieses Buch ist eine tolle Gelegenheit, um als Fußballfreund in die Welt eines wundervollen Sports einzutauchen. Besonders wünsche ich mir aber, dass du durch dieses Buch Jesus kennenlernst.

Viel Freude beim Lesen!

Dein

Alex

Auf dem Fußballfeld war Felix Kibogo nie so brav.

FELIX KIBOGO

STRASSENFUSSBALL

Ich hatte einen riesigen Vorteil. Mein Fußballplatz befand sich direkt vor der Haustür. Sobald ich die Tür hinter mir schloss, stand ich auf dem Feld und war von jetzt auf gleich mitten im Spiel. Schaute ich aus dem Fenster unserer Wohnung, so konnte ich jederzeit bei spannenden Fußballspielen live und umsonst dabei sein. Unser Stadion war nämlich die Straße[1].

Wir schafften es in kürzester Zeit, unsere Jungs zusammenzutrommeln. Wir fragten uns nie: „Was sollen wir jetzt machen?". Uns allen war klar: „Jetzt wird Fußball gespielt. Was denn sonst?" Davon, dass ein Spiel 90 Minuten dauert, hatten wir nie etwas gehört. Wir spielten einfach, bis die Sonne unterging. Jede freie Minute verbrachten wir auf unserem „Sportplatz".

Unsere Bälle bauten wir aus Plastiktüten, die wir mit Kordeln zusammenbanden. Das Baumaterial hierfür kostete nichts. Es lag auf der Straße oder in Mülleimern. Ich war einer der schnellsten Ballbauer. Diese Bälle waren genial. Man konnte sie auch selbst reparieren. Sie verloren keine Luft und man brauchte demnach auch keine Luftpumpe. Bei den teuren Bällen aus dem Kaufhaus war alles komplizierter.

[1] Land Kenia, Stadt Nairobi, Stadtteil Umoja, Straße 1

² Unabhängig vom
Fabrikat hießen
alle Bälle „Adida"

³ Maradona, Pelé,
Rummenigge

Der Kaufhaus-Ball

Einer in unserer Straße hatte einen solchen „Adida"[2] – so nannten wir diese Art von Bällen. Wenn wir mit diesem Ball gekickt haben, war es schon besonders. Wir wussten, dass die Stars[3] mit solchen Bällen spielten, aber es hat irgendwie weniger Spaß gemacht. Wir mussten ständig aufpassen, dass er nicht kaputtging, denn dann würde unser Freund riesigen Ärger von seinen Eltern bekommen.

„Passt auf! Schießt nicht zu fest!", hörten wir ihn immer sagen. Sogar während des Spiels kontrollierte er seinen Ball auf Schäden. Das nervte total. Wenn mein selbst gebauter Ball kaputtging, dann überzog ich die oberste Schicht unkompliziert mit einer anderen Tüte und der Ball sah in wenigen Minuten wieder aus wie neu.

Die beliebteste Art zu spielen, war „alle gegen einen". Ich liebte es, den Ball so lange wie möglich gegen alle Angreifer zu verteidigen. Bei einem solchen Spiel ein Tor zu schießen, war das Größte. Übrigens: Zwei Steine markierten die Torpfosten und die Entscheidung, ob der Ball nun im Tor war oder nicht, traf immer der beste Spieler auf dem Platz.

Felix Kibogo
Abwehr

Nummer 1

Ich war zwar der Schnellste von allen, aber der beste Spieler in unserer Straße war immer derselbe. Er war stark, groß, unser Kapitän und gleichzeitig die „Nummer 1" in unserer Fußballtruppe. Nur eine Regel kannten wir alle: Der Ball darf nicht mit der Hand gespielt werden. Zum Glück kannte sich „Nummer 1"[4] super aus. Denn alles, was eigentlich der Schiedsrichter entscheiden würde, entschied er. Seine Regelauslegungen waren manchmal echt seltsam und öfter zu seinen Gunsten, aber keiner hatte ein Problem damit. Besser gesagt, keiner wollte ein Problem mit ihm haben. Wenn es doch einmal zu Unstimmigkeiten kam, dann wurde eben gekämpft. Derjenige, der gewann, hatte recht und das war in 99 von 100 Fällen – genau, „Nummer 1". Auf ihn hörten wir und manchmal hatten die Aufträge, die er uns gab, nur wenig mit Fußball zu tun.

Unsere Gegner waren die Jungs von den anderen Straßen. Wir und „Die" lebten eigentlich Hinterhof an Hinterhof. Nur ein Zaun trennte uns voneinander. Fußballerisch, so glaubten wir, trennten uns jedoch Welten. „Kommt doch rüber! Ihr habt doch eh keine Chance gegen uns", forderten wir sie regelmäßig zum Kampf auf. Es dauerte nie lange, bis sich unsere Mannschaften gegenüberstanden. Spätestens jetzt merkten wir, dass sie in Wirklichkeit gleichstark, wenn nicht sogar besser waren als wir. Oft gewannen tatsächlich wir. Ab und zu aber auch die anderen. Nur einmal gab es keinen Sieger. „Nummer 1" wurde von einem unserer Gegner persönlich angegriffen:

„Du hast nichts drauf!", sagte er ihm mitten ins Gesicht und rannte los. Er war schnell genug, um der direkten Strafe zu entgehen.

Name: Felix Kibogo

Geburtsdatum: 22.02.1984

Geburtsort: Nairobi, Kenia

Größe: 1,83 m

Nationalität: Kenia

Fuß: rechts

Spitzname: Junior

Aktueller Verein:
CSV Düren

Vereine:
SSV Sankt Augustin

Erfolge:
2013 Aufstieg in
die Kreisliga B

[4] David Ndungu Wokadi

„Heute fällt das Fußballspiel aus", schrie „Nummer 1" verärgert und schaute uns der Reihe nach an. „Ihr zieht jetzt los und sucht den Kerl. Und wenn ihr ihn gefunden habt, bringt ihr ihn zu mir!"

Wir folgten seinen Anweisungen. Doch schon nach ein paar Minuten hatten wir keine Lust mehr. „Kommt schon, lasst uns Fußball spielen", dachte sich jeder, aber niemand traute sich, diese Worte laut auszusprechen. So verbrachten wir tatsächlich den ganzen Tag damit, diesen Jungen zu suchen. Ohne Erfolg. An diesem Tag traten wir nur gegen Dosen und Steine und hatten am Abend alle schlechte Laune.

Nur einmal besser sein

Wenn wir nur untereinander spielten und nicht gegen andere Teams antraten, waren „Nummer 1" und ich, „Nummer 2", nie in einer Mannschaft. Ich hatte immer das gleiche Ziel: „Nummer 1" zu besiegen. Wenn mir das gelang, dann konnte ich ruhig schlafen. Doch häufiger zerbrach ich mir den Kopf darüber, was ich wohl falsch gemacht hatte und das nächste Mal besser machen könnte. „Ich will nur in einer Sache besser sein", das wünschte ich mir, und so hielt ich immer Ausschau nach einer Gelegenheit, um es ihm zu zeigen.

Eines Tages brachte einer unserer Spieler einen Jungen aus einem anderen Teil der Stadt mit zum Fußball. „Du hast nichts zu befürchten, du gehörst zu einem von uns", so begrüßte ihn „Nummer 1". Aber fußballerisch wurde er trotzdem auf Herz und Nieren geprüft. So war es bei uns üblich und es gab keine Ausnahmen. Beim eigentlichen Spiel war er mir gar nicht so aufgefallen. Doch als wir unseren

POSITION

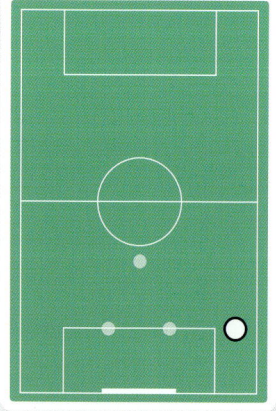

Rechter Verteidiger
Nebenposition:
Innenverteidiger
Defensives Mittelfeld

Hochhaltewettbewerb durchführten, staunten wir nicht schlecht.

„Nummer 1" legte vor. Unseren eigenen Regel entsprechend jonglierte er den Ball mit nur einem Fuß und alle zählten die Kontakte. „Ein richtig gutes Ergebnis[5]", sagte ich schmeichelnd. Alle nickten ihm anerkennend zu. Dann war der „Neue" dran. Er legte los und je näher er dem vorgelegten Ergebnis von unserem Chef kam, desto leiser zählten wir mit. Sobald er in Führung ging, zählten wir nur noch in Gedanken. Er übertraf ihn und somit uns alle mühelos[6].

Eine Frage der Technik

Ich hatte den Jungen ganz genau beobachtet und dabei bemerkt, dass er etwas anders machte als jeder von uns. Wir hatten unser Knie gestreckt. „Warum eigentlich? Wahrscheinlich, weil uns „Nummer 1" das so vorgemacht hatte." Aber der „Neue" beugte sein Knie ganz leicht. Der Ball sprang dadurch kaum vom Fuß. Das war meine Chance und ich trainierte hart.

Es dauerte zwar einige Tage, aber nach ein paar Sondertrainingseinheiten hatte ich die neue Technik drauf. Eines Tages war es dann so weit. Ich schlug „Nummer 1" beim Hochhaltewettbewerb[7]. Und auch in Zukunft hatte er keine Chance mehr gegen mich[8]. In dieser viel beachteten Disziplin war die „Nummer 2" nun ausnahmsweise die „Nummer 1" und es tat gut, in etwas besser zu sein als er.

[5] ca. 200x
[6] ca. 250x
[7] 230:200
[8] persönliche Bestmarke 524

Die tollsten Sachen im Leben sind umsonst. Fußball hat mich damals nichts gekostet. Keine Schuhe, kein Ball, kein Vereinsbeitrag, kein Trikot. Meine Eltern mussten kein Geld für mein Hobby ausgeben. Oft denkt man, die teuersten Sachen bringen den meisten Spaß. Stimmt nicht! Fußball war umsonst und hat mir unglaublich viel Freude gegeben. Ich habe noch eine andere Sache entdeckt, die umsonst ist: Gottes Liebe. Sie ist einfach da und du kannst sie wie ein Geschenk annehmen und auspacken. Gottes Liebe hat mir viel Freude gebracht und ich habe durch sie eine Menge richtig guter Freunde kennengelernt. Jesus selbst ist mein Freund.

TÜTENFUSSBALL

Du brauchst:

15 normale Einkaufstüten,
1 Spule feste Schnur

1. Eine Einkaufstüte voller Einkaufstüten.

2. Wickle die Tüten zu einem möglichst festen Ball ...

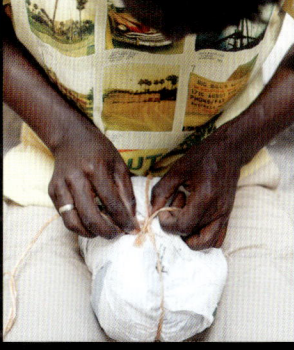

3. ... und binde die Schnur zu einem dichten Netz.

4. Wenn das Netz dicht genug ist, wird das Ende fest verknotet.

5. Schon hältst du deinen eigenen Straßenfußball in den Händen.

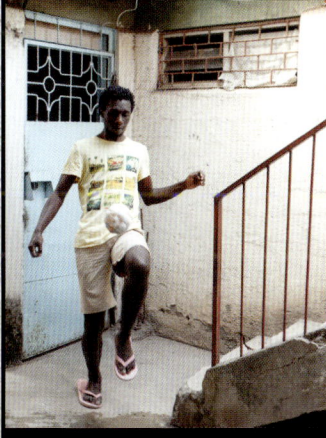

6. Jetzt trommle deine Freunde zusammen und los geht's!

Zusammen mit seinem besten Freund Fabian Schöneberg feiert Marc Seuser einen großen Erfolg.

MARC SEUSER

KINDERFUSSBALL

Ich ging mit einigen von den Jungs aus meiner Straße in die Schule. Dort traf ich auch viele andere, die gerne und gut Fußball spielten. Die Schule war keinesfalls fußballfreie Zone. In jeder freien Minute kickten wir mit dem Ball. In den kleinen Pausen spielten wir im Klassenzimmer. Und sobald es zur großen Pause klingelte, rannten wir so schnell wie möglich zur Pausenhalle[1]. Einige stopften ihr Pausenbrot zügig in sich rein. Manche verzichteten sogar ganz darauf. Es galt, als Erstes auf dem Feld zu sein, denn auch die anderen Klassen wollten dort spielen. Manchmal waren wir zu spät und hatten dann genug Zeit zum Frühstücken.

Je älter wir wurden, desto häufiger gewannen wir das Rennen und konnten spielen. Dort gab es drei in einer Reihe stehende Betonpfeiler. Das waren unsere Torpfosten. Die Tore standen also direkt nebeneinander und der rechte Pfosten des einen Tores war der linke des anderen. Wir spielten daher im Halbkreis.

Einmal zu Beginn meiner Schulzeit hatten wir es trotz älterer Konkurrenz geschafft, als Erster auf

War aktiv für SV Ellingen

[1] START Klassenzimmer

→ raus aus der Tür

→ nach links

→ 50 m geradeaus

→ Treppe runter

→ 180°-Drehung

→ raus aus der Tür

→ ZIEL Pausenhof

Marc Seuser
Mittelfeld

dem Feld zu sein. Schnell wählten wir Mannschaften. Ich wollte nicht wählen, sondern lieber als Erster gewählt werden. Vor all den anderen Spielern und Zuschauern als Erster in ein Team aufgenommen werden, das fühlt sich echt super an. Doch dieses Mal kam alles anders. Ich wurde nicht als Erster, nicht als Zweiter, sondern erst als Dritter gewählt. Und das vor all den Älteren, denen wir das Spielfeld weggeschnappt hatten. Das war peinlich und ich war total enttäuscht – ja sogar wütend. Jetzt musste ich mich auf dem Platz beweisen. Mit Wut im Bauch spielte ich, so gut ich konnte. Ich zeigte allen, dass ich besser war, als sie aufgrund der Spielerwahl dachten. Die Schulglocke beendete unser Pausenturnier.

Eine besondere Einladung

„In welchem Verein spielst du eigentlich?", hörte ich einen von den umstehenden Älteren fragen. Ich drehte mich um. Ja, er meinte tatsächlich mich.

„Ich spiele gar nicht im Verein, sondern am liebsten mit meinem Cousin und den Jungs auf der Straße", antwortete ich. Alles, was ich konnte, hatte ich mir dort angeeignet. Viele coole Tricks hatte mir mein Vater beigebracht. Ich vermisste es überhaupt nicht, in einer richtigen Mannschaft zu spielen.

„Du spielst echt gut!", mehr sagte er nicht. Ich grinste und wir gingen beide in unsere Klassen.

„Hey, hast du Lust, heute Nachmittag mit zum Fußballtraining zu kommen?" Einer meiner Schulfreunde[2] stellte mir einige Tage später diese mir völlig neue Frage. Ich überlegte kurz, wer aus der Schule auch in seinem Team war und dort meine Konkurrenz sein würde.

„Mit denen kann ich es auf jeden Fall aufnehmen", dachte ich und antwortete: „Warum eigentlich nicht?" Ich wollte cool klingen, doch eigentlich fieberte ich dem Schulschluss schon jetzt entgegen. Ich konnte es kaum abwarten, meiner Mutter von meinen Plänen für den Nachmittag zu erzählen. Hoffentlich würde sie zustimmen.

Das erste Training

Sie war einverstanden. Es waren zwar nur drei Stunden, aber es fühlte sich an wie eine Ewigkeit, bis wir dann endlich im Auto saßen. Wir fuhren noch bei meinem Schulfreund vorbei, um ihn abzuholen. Ein paar Minuten später waren wir am Sportplatz[3]. Viele meiner Klassenkammeraden begrüßten mich dort. Unter der Anleitung des Trainers machten wir ein paar Schussübungen, bei denen ich einige Bälle versenkte. Ich schaute hin und wieder rüber zu meiner Mutter, die das Training am Spielfeldrand verfolgte. Am Ende machten wir noch ein Abschlussspiel. Viel zu früh ertönte der Schlusspfiff. Die 90 Minuten waren wie im Flug vergangen.

Wir verließen den Platz. Die anderen Kinder wurden schon abgeholt. Nur mein Freund und ich kickten

Name: Marc Seuser

Geburtsdatum: 20.01.1990

Geburtsort:
Neuwied, Deutschland

Größe: 1,82 m

Nationalität: Deutschland

Fuß: beidfüßig

Spitzname: –

Aktueller Verein:
Karriere-Ende

Vereine:
JSG Ellingen

Erfolge:
2005 Südwest-Pokal-Sieger
(Rheinlandauswahl)

[2] Fabian Schöneberg

[3] JSG Holzbachtal,
heute JSG Puderbach

⁴ Blau, Weiß, Schwarz

noch ein bisschen herum, während sich meine Mutter mit dem Trainer unterhielt.

„Ich denke, für Ihren Sohn wäre es gut, in der F1 zu spielen. Dort kann er sich besser weiterentwickeln. Da trainieren zwar die Älteren seines Jahrgangs, aber das wird er schon schaffen." Er gab meiner Mutter noch ein Anmeldeformular mit.

Zurück zu Hause erklärte sie mir alles, was ihr der Trainer gesagt hatte. Sie fragte mich, ob ich es mir vorstellen könnte, ganz regelmäßig im Verein zu trainieren und zu spielen.

„Na klar!", antwortete ich.

„Hast du Lust, auch mal bei den Älteren mitzutrainieren?" Ich wollte es versuchen. Gemeinsam füllten wir die Anmeldung für den Fußballverein aus.

Training mit den Älteren

Das erste Training der F1 fand noch in derselben Woche statt. Wieder fuhr mich meine Mutter hin. Dieses Mal war ich deutlich aufgeregter. Mein Freund war nicht mit dabei und ich kannte nur wenige Spieler aus der Mannschaft. Die meisten waren ein Jahr älter als ich. Wie der erste Trainer vermutete, machte das aber nicht viel aus. Es machte sogar noch mehr Spaß. Zwei oder drei waren besser als ich, aber die Übrigen waren mir eine hilfreiche Konkurrenz.

Der Trainer war richtig froh, dass ich gekommen war. Meine Mutter gab ihm dann auch die ausgefüllte Anmeldung. Das machte mich zwar nicht zu einem Fußballer – der war ich vorher schon –, aber der Glanz-Trainingsanzug und der Rucksack in den gleichen Farben⁴ zeigten, dass ich nun Teil einer Fußballmannschaft war.

Ab diesem Zeitpunkt war das Vereinstraining ein

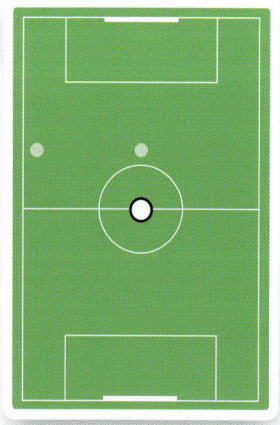

POSITION

Zentrales Mittelfeld
Nebenposition:
Offensives Mittelfeld
Linksaußen

ständiger Bestandteil meines Wochenplans. Einmal die Woche trainierte ich mit meiner Mannschaft, spielte am Wochenende und nahm an Turnieren teil. Im Verein war ich der Libero. Der Trainer brauchte mich in der Abwehr und im Sturm. Ich rannte viel, schoss jede Menge Tore, feierte viele Erfolge. Als Kapitän durfte ich für meine Mannschaft so manche Pokale[5] in Empfang nehmen. Einige kleinere Exemplare standen sogar in meinem Zimmer.

Talente sind gefragt

Eines Tages suchte mein Trainer das Gespräch mit meinen Eltern:

„Der Junge hat echt Talent", sagte er zu ihnen. „Das Beste für seine Entwicklung wäre, wenn er zusätzlich am Training und den Spielen der Auswahlmannschaft teilnehmen würde."

Meine Eltern wollten das nicht alleine entscheiden, es ging ja schließlich um mich. Sie fragten mich, ob ich dazu überhaupt Lust hätte.

„Dann habe ich ja noch weniger Zeit, um mit meinen Freunden auf der Straße zu spielen", gab ich zu bedenken und entschied mich dagegen. Für meine Vereinskameraden war es das Größte, dort zu spielen. In den Schulpausen gab es nur noch dieses eine Thema. Mir jedoch war das Kicken mit meinen Freunden einfach wichtiger. Obwohl man meinen Eltern wenig Verständnis entgegenbrachte, unterstützten sie mich in meiner Entscheidung.

Als ich eines Tages von der Schule nach Hause kam, stand das Auto meines Vaters schon vor der Tür. So früh war er normalerweise nie zu Hause. Ich hörte, dass er irgendwo draußen beschäftigt war, und

[5] z.B. Kreismeister

ging sofort zu ihm. Ich traute meinen Augen kaum: Auf dem Rasen stand ein selbst gebautes Fußballtor. Während mein Vater noch die letzten Kleinigkeiten erledigte, war ich schon am Telefon und lud meine Freunde zu einem Einweihungsspiel ein. Nach dem Mittagessen ging es los und wir spielten an diesem Tag, bis die Sonne untergegangen war.

Als Kind durfte ich wichtige Dinge nicht allein entscheiden. Die Anmeldung für den Fußballverein habe ich nicht selbst unterschrieben. Aber vor vielen Entscheidungen, die meine Eltern für mich getroffen haben, fragten sie mich nach meinen Wünschen. Jesus fordert die Erwachsenen dazu auf, so zu werden wie die Kinder. Manchmal gelingt mir das. Ich frage ihn um Rat, sage ihm, was ich denke, und lasse ihn bestimmen. Er kann das super, denn er hat mein ganzes Leben im Blick. Vergangenheit, Gegenwart und Zukunft.

ALTERSKLASSEN IM FUSSBALL

Im Kalenderjahr des Saisonbeginns ...

* | *Alte Herren*	
... 19. Geburtstag | **Senioren**	
... 17. oder 18. Geburtstag | *A-Jugend (U19/U18)*	
... 15. oder 16. Geburtstag | **B-Jugend** (U17/U16)	
... 13. oder 14. Geburtstag | *C-Jugend (U15/U14)*	
... 11. oder 12. Geburtstag | **D-Jugend** (U13/U12)	
... 9. oder 10. Geburtstag | *E-Jugend (U11/U10)*	
... 7. oder 8. Geburtstag | **F-Jugend** (U9/U8)	
... jünger als 7 Jahre | *G-Jugend (Bambini/U7)*	

G F E D C B A S AH

Beispiel: Wer seinen 11. oder 12. Geburtstag in dem Kalenderjahr feiert, in dem die Saison beginnt, ist für die D-Jugend spielberechtigt. Er darf aber auch in der C-Jugend oder einer höheren Altersklasse spielen.

* In der Spielklasse der AH („Alte Herren") sind nur noch solche Fußballer spielberechtigt, die ein bestimmtes Alter überschritten haben (in Baden-Württemberg beispielsweise muss man älter als 30 Jahre sein). Der Einsatz bei den Senioren ist allerdings weiterhin möglich.

Oduma Adelio ist in seiner Traummannschaft angekommen.

ODUMA ADELIO

JUGENDFUSSBALL

Zu meinem Großvater hatte ich eine super Beziehung, obwohl wir zwei Stunden voneinander entfernt wohnten. Wenn ich bei ihm zu Besuch war, gingen wir oft ins Stadion seines Lieblingsvereins[1]. Alles sah für mich so riesig aus und es war immer beeindruckend, was die Profis mit dem Ball anstellen konnten. Immer wenn die Fans über ein Tor jubelten, bekam ich eine Gänsehaut. Ich war total begeistert. Auf meinem Platz sitzend, begann ich davon zu träumen, wie es wohl wäre, selbst auf dem Rasen zu stehen. Mein Opa sah mich von der Seite an und bemerkte scheinbar, was in meinem Kopf vor sich ging: „Junge, eines Tages wirst du auch dort spielen", sagte er. Ich lächelte zu ihm rüber und er nickte mir zu. „Wenn du dich anstrengst, kannst du das schaffen!"

Diese Worte merkte ich mir. Auch fünf Jahre später motivierten sie mich noch, an meinen fußballerischen Schwächen zu arbeiten und meine Stärken weiter auszubauen. Mittlerweile hatten wir eine super Truppe zusammen und ich machte große Fortschritte. Doch plötzlich änderte sich alles.

War aktiv für SC Paderborn

[1] SC Paderborn 07

2 Nigeria
3 VfB Wetter

Ich saß nach der Schule mit meinen Geschwistern am Mittagstisch, als meine Mutter anfing: „Ich muss euch etwas sagen. Ich habe das Angebot bekommen, in einem anderen Land als Deutschlehrerin zu arbeiten. Könntet ihr euch vorstellen, ein paar Jahre in Afrika[2] zu leben?"

„Irgendwann mal Afrika – hört sich spannend an", dachte ich. Aber als sie uns erklärte, dass es schon in knapp drei Monaten so weit sei, wurde mir klar, was das bedeutete. Schweren Herzens verabschiedete ich mich von den Jungs, mit denen ich so lange gespielt und so erfolgreich gewesen war. Ich gab noch einmal alles. Als Offensivspieler schoss ich in jedem Spiel mindestens zwei, manchmal sogar sechs Tore.

Oduma Adelio
Mittelfeld

Als ich in einem wichtigen Spiel gegen einen Lokalrivalen[3] drei Tore schoss, sprach mich anschließend ein Mann an: „Das kann sich sehen lassen!" Er stellte sich als Scout einer Profimannschaft vor und erklärte: „Wir haben dich schon länger beobachtet. Hättest du Lust, in Zukunft für unseren Verein Fußball zu spielen?"
Ich erzählte ihm, dass meine Familie schon in drei Wochen nach Afrika auswandern würde. „Wir haben auch ein Fußballinternat. Ruf an, wenn du es dir anders überlegst!" Mit diesen Worten gab er mir seine Visitenkarte und verabschiedete sich.

Alles anders

Ich meldete mich nicht bei ihm und ein paar Wochen später landeten wir mit der ganzen Familie auf dem afrikanischen Kontinent. Mein erster Eindruck: Schön warm; nette Leute; Schule – na ja, wie überall. Aber es gab keinen Fußballverein. Ich hielt den Kontakt zu meinen besten Freunden in Deutschland und war immer gut über Ergebnisse und Tabellenstände informiert. Wir hatten in der Schule zwar auch einen sogenannten „Fußballclub", aber das war nichts im Vergleich zu den Trainingseinheiten in Deutschland. Selbst die älteren Schüler konnte ich mit meinem Können gut in Schach halten. Ich gewann den „Best Athlete"-Preis der Schule und war mächtig stolz auf mich. Fest war ich davon überzeugt: „Wenn ich nach Deutschland zurückkomme, kann ich direkt wieder bei meiner alten Mannschaft[4] einsteigen." Ich fühlte mich richtig fit, doch ich hatte keine Ahnung, dass das Gegenteil der Fall war.

Nach zwei Jahren Afrika stiegen wir tatsächlich in den Flieger zurück nach Deutschland, aber nicht nach Hause. Wir zogen zu meinen Großeltern[5]. Das war ein schwerer Moment. So sehr hatte ich mich darauf gefreut, wieder für mein Team im Sturm aufzulaufen.

Mein Opa merkte mir die Enttäuschung sofort an und dachte sich etwas Besonderes aus. Wie konnte es anders sein: Wir fuhren wieder zusammen ins Stadion und feierten dort einen 4:1-Erfolg[6] seiner und mittlerweile auch meiner Lieblingsmannschaft.

Der Traum, einmal auf diesem Feld aufzulaufen, erschien mir weiter weg als vor sieben Jahren. Wie sollte das gehen, wenn man zwei wichtige Entwicklungsjahre verpasst und noch nicht mal einen Ver-

Name: Oduma Adelio

Geburtsdatum: 04.08.1996

Geburtsort:
Marburg, Deutschland

Größe: 1,91 m

Nationalität: Deutschland

Fuß: beidfüßig

Spitzname: Odu

Aktueller Verein:
SC Paderborn 07

Vereine:
FSV Cappel
VfB Marburg
DJK Mastbruch

Erfolge:
2008, 2009
Best-Athlete-Award
in Nigeria

[4] VfB 1905 Marburg
[5] nach Paderborn
[6] 23.09.2011
SC Paderborn 07 – 4
FC Ingolstadt 04 – 1

[7] DJK Mastbruch

ein hat? So gern hätte ich die Zeit zurückgedreht und das Angebot des Scouts angenommen.

Bloß nicht aufgeben!

„Wenn du dich anstrengst, kannst du das schaffen." Da war dieser Satz wieder. Genau jetzt kam es darauf an. Ich durfte nicht einfach so aufgeben. Ich musste kämpfen!

Es war mein Plan, einfach beim Jugendtraining meiner Traummannschaft vorbeizuschauen. Doch die Schulkameraden, denen ich davon erzählte, schüttelten nur den Kopf: „Da kannst du nicht einfach hingehen. Du musst zum Training eingeladen werden!" Sie hatten recht. Also musste ich einen anderen Weg finden. Ich bekam heraus, dass ein anderer Verein[7], der drei Klassen tiefer spielte, eine Kooperation mit meinem Lieblingsverein hatte. Bislang hatten nur wenige Spieler den Sprung nach oben geschafft. Weil ich auf jeden Fall bald zu diesem erlesenen Kreis gehören wollte, meldete ich mich an. Doch schon im ersten Training bemerkte ich, dass ich bei Weitem nicht so fit war, wie ich dachte. In vielen Situationen versagte ich kläglich. Aber der Trainer glaubte an mich. Und das, obwohl ich manchmal selbst an meinen eigenen Fähigkeiten zweifelte. Einmal stand ich in einem wichtigen Spiel allein vor dem Tor und setzte den Ball daneben! Ich war richtig überfordert. Allerdings gelang es dem Trainerteam, mich langsam aufzubauen. Es dauerte zwar länger als gedacht, doch zur richtigen Zeit stellte sich auch der Erfolg wieder ein.

POSITION

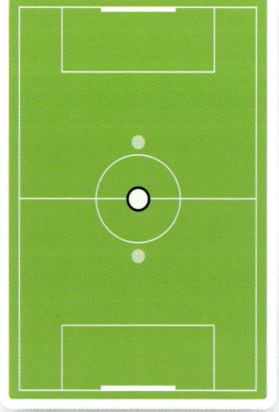

Zentrales Mittelfeld
Nebenposition:
Defensives Mittelfeld
Offensives Mittelfeld

Mit Leistung überzeugen

Ich fieberte einem Hallenturnier entgegen. Dort wollte ich mich dem Trainer[8] meines Traumvereins präsentieren. Seine Mannschaft sollte idealerweise im Finale auf uns treffen – doch wir spielten gegen ein anderes Team und gewannen 7:0. 14 Treffer in sechs Spielen: Diese Quote sollte auffällig genug sein, um meinen Wunschtrainer auf mich aufmerksam zu machen.

Nach der Winterpause ergab sich die nächste Gelegenheit. Wir spielten gegen denselben Gegner eine Vorbereitungspartie auf dem großen Feld. Obwohl ich 45 Minuten auf der Bank Platz nehmen musste, wurde ich für meine Leistung mit einem Handschlag und ein paar netten Worten vom Gästetrainer belohnt. Immerhin. Doch die ersehnte Einladung zum Training blieb aus. Das verunsicherte mich so sehr, dass ich bald einen Schulfreund[9] darauf ansprach. Er spielte nämlich genau dort, wo ich hinwollte.

„Ich habe meinem Trainer schon beim Hallenturnier gesagt, dass du ein Guter bist. Jeder hat gesehen, was du kannst, und er auch!", munterte er mich auf.

Ein paar Tage später klingelte mein Handy. Es war der Trainer meines Traumvereins. Er lud mich dazu ein, mein Können in seiner Jugendmannschaft[10] unter Beweis zu stellen. Da war sie – meine Chance! Ich sagte sofort meinem Kumpel Bescheid. Am Nachmittag zeigte er mir einige Übungen, die sicher vorkommen würden. Nichts durfte dem Zufall überlassen bleiben!

[8] Thorsten Koch
[9] Paul Nitsch
[10] SC Paderborn 07 (U17)

Als Jugendfußballer
ist man ganz schön oft auf dem
Platz. Dabei verliert man ruck, zuck das
Wesentliche aus dem Blick. Ich musste ziemlich
lange suchen, bis ich eine christliche Jugendgruppe
fand, die sich an meinem trainingsfreien Tag trifft. Es
hat viel Mut gekostet, meinem Trainer zu sagen, dass ich
während der Saison-Vorbereitung gerne auf ein christliches
Sportcamp gehen möchte. Dadurch weiß er jetzt, dass mir
der Glaube wichtig ist. Jesus muss wichtiger bleiben als alles
andere. Das ist die Herausforderung.

O. Adelio

NACHWUCHS-TALENTE

In Deutschland wird seit 2005 den Nachwuchsspielern des Jahres die Fritz-Walter-Medaille in Gold, Silber und Bronze verliehen. Eine Jury aus Vertretern des DFB-Präsidiums, des DFB-Jugendausschusses und des DFB-Trainerstabs wählt die Preisträger für die Altersklassen U17, U18 und U19 aus. Der DFB und die Fritz-Walter-Stiftung möchten so die herausragenden Leistungen der Spieler würdigen. Das Preisgeld für die Auszeichnung wird unter den Vereinen aufgeteilt, in deren Jugendmannschaften der Preisträger spielte.

Zu den **Gewinnern der Goldmedaille**
in der Altersklasse U19 gehörten:

2005	Florian Müller	1. FC Union Berlin
2006	Kevin-Prince Boateng	Hertha BSC
2007	Benedikt Höwedes	FC Schalke 04
2008	Dennis Diekmeier	Werder Bremen
2009	Lewis Holtby	Alemannia Aachen
2010	Peniel Mlapa	TSV 1860 München
2011	Marc-André ter Stegen	Borussia Mönchengladbach
2012	Antonio Rüdiger	VfB Stuttgart
2013	Matthias Ginter	SC Freiburg

Reinhold Yabo erhielt die Auszeichnung in Silber in den Jahren 2009 (U17) und 2010 (U18). Mehr auf Seite 54.

Quelle (Stand 07.02.2014): www.fritz-walter-stiftung.de/wettbewerbe/fritz-walter-medaille.html

Josef Schneider
in seinem ersten
Akademiejahr bei
Austria Wien.

JOSEF SCHNEIDER

FUSSBALLINTERNAT

In meinem Traumverein[1] gab es eine Fußballakademie, in der die besten Fußballer aus dem ganzen Land zu Profis ausgebildet wurden. Auch die Spieler, die schon in den Kinderteams für diesen Verein gespielt hatten, mussten auf ihrem Weg zum Fußballprofi durch diese Eliteschule gehen. Jedes Jahr gab es 250 Bewerber für einen der 24 Plätze. So nahm auch ich am ersten Sichtungstraining teil und schaffte es ungefährdet unter die besten 50. Doch vier Wochen später musste ich mich gegen sehr starke Konkurrenz behaupten. Das Training verlangte uns diesmal alles ab: Schnelligkeit, Koordination, Reaktion und natürlich Spiele in den unterschiedlichsten Konstellationen. Diese drei Tage gaben uns allen schon mal einen Vorgeschmack auf das, was für die Auserwählten bald Alltag sein könnte. Darauf hatte ich richtig Lust. 24 Stunden Fußball am Tag – das war mein Plan für die nächsten fünf Jahre und alles andere hätte mich enttäuscht.

Die Nachricht kam mit der Post: Ich war dabei! Vor lauter Freude rannte ich durch die ganze Wohnung, reihte einen Torjubel an den nächsten und fei-

War aktiv für Austria Wien

[1] FK Austria Wien 1911

[2] Bregenz – Wien

618 km

erte meinen Erfolg wie den Gewinn der Champions League. Ich konnte es gar nicht fassen und schaute mir den Brief immer wieder an.

In diesem Moment freute sich meine Mutter mit mir. Als ich einige Zeit später dann mit gepackten Taschen dastand, war sie traurig.

„In den Ferien bin ich doch wieder hier und an den langen Wochenenden komm ich auch – versprochen!", versuchte ich sie zu trösten.

An dem Tag, auf den ich hingefiebert hatte, begleitete sie mich. Viele waren schon vor mir angereist. Nur wenige kamen von weiter her und ich hatte mit acht Stunden wohl die weiteste Anfahrt[2] gehabt. Das Gelände der Fußballakademie war riesig. Neben den Sportstätten gab es ein Hotel und natürlich das Internat. Das Gebäude, in dem wir wohnten, hatte sieben Stockwerke: Klassenräume, Lehrerzimmer, Speisesaal, Unterkunft für Trainer, Lehrer, Mitarbeiter und natürlich unser Zimmer.

„Also dann: Herzlich willkommen im Fußballinternat!" Das war der Anpfiff. Ich hoffte, dass ich hier wirklich fünf Jahre verbringen durfte. Schließlich konnte das Abenteuer schon nach einem Jahr vorbei sein, wenn meine fußballerischen und schulischen Leistungen zu stark nachließen.

Josef Schneider
Abwehr

Wir gingen auf mein Zimmer. Da ich noch niemanden kannte, war es mir egal, mit wem ich ein Doppelzimmer teilen würde. Mein Zimmerkollege[3] hingegen war sichtlich genervt. Er hatte sich bereits das obere Stockbett ausgesucht. Auch Schreibtisch und Schrank waren schon von ihm belegt. Kein Problem. Ich richtete mich also unten ein und räumte meine Sachen in den noch freien Schank. Außer „Hallo, ich bin ..." kam nicht viel über unsere Lippen. Der Junge aus der Stadt sollte mit einem Landei wie mir das Zimmer teilen! Für ihn war das eine Katastrophe. Eigentlich wurden die Hauptstadtjungs zusammen untergebracht, aber bei der Einteilung war er scheinbar übrig geblieben.

„Vielleicht ist er nur schlecht drauf", entschuldigte ich sein Verhalten. Doch schon bald merkte ich, dass es nicht an seiner Laune lag. Wenn er mit den Hauptstadtjungs unterwegs war, machte er Späße, wahrscheinlich auch über das Landei. Doch immer wenn wir miteinander zu tun hatten, blieb er fast stumm und ignorierte mich total. Ab diesem Zeitpunkt hielt ich ihn einfach nur für arrogant. Also nahm ich mir fest vor: „Im nächsten Training zeige ich ihm, dass es keinen Grund gibt, sich für etwas Besseres zu halten. Sobald ich zu den Besten gehöre, muss er mich einfach akzeptieren."

Man muss Opfer bringen

Ich sollte recht behalten. Schon bald ging es gar nicht mehr um die Herkunft, sondern allein um das fußballerische Können. Die Guten und die Schlechteren blieben jeweils unter sich. Unser Zusammenleben im Zimmer entspannte sich daher. Denn wir beide schafften es unter die sieben besten Spieler

Name: Josef Schneider

Geburtsdatum: 11.03.1988

Geburtsort:
Bregenz, Österreich

Größe: 1,82 m

Nationalität: Österreich

Fuß: rechts

Spitzname: Joschi

Aktueller Verein:
Karriere-Ende

Vereine:
FC Wolfurth,
AK Austria Wien,
SV Wienerberg

Erfolge:
2004 Österr. Meister (U17)
2006 Österr. Meister (U19)

[3] Eren Küçükkus

unseres Jahrgangs und damit in die regionale Auswahlmannschaft. Der Erfolg und die Erlebnisse mit diesem Team[4] schweißten uns richtig zusammen. So verbrachten wir die nächsten zwei Jahre eine richtig tolle Zeit. Wir vertrauten einander und sprachen auch über persönliche Dinge.

Heimweh war ein großes Thema für viele im Internat. In einer ruhigen Minute fragte mich mein Zimmerkollege: „Wie kommst du bloß damit klar, so weit weg von zu Hause zu sein, so ganz ohne Heimweh?"

„Nun ja, vielleicht ist meine Heimat einfach zu weit weg, um ständig an sie zu denken", antwortete ich. Trotzdem versuchte ich ihn zu verstehen. Mit seiner Frage gab er ja zu, selbst unter Heimweh zu leiden. Wir alle kämpften jeden Tag sehr hart dafür, einmal Profifußballer zu werden. Doch sehr bald wurde uns klar, dass wir dafür ein größeres Opfer bringen mussten, als wir erwartet hatten. So lange nicht zu Hause zu sein, das war für viele sehr schwer. Auch mir fiel es nicht immer leicht.

POSITION

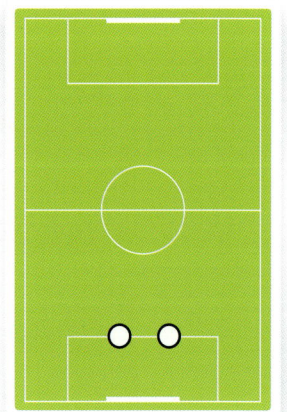

Innenverteidiger

Aktive Erholung

Doch egal, wie anfällig man für Heimweh war, den Ferien fieberten alle entgegen. Aber niemand konnte es sich erlauben, jetzt die Beine hochzulegen. Der knallharte Konkurrenzkampf ging erst richtig los! Unsere Trainer wussten genau, wie fit wir waren, und arbeiteten für jeden von uns einen speziellen Trainingsplan aus. Regelmäßig wurden genaue Messungen durchgeführt. Einen solchen Plan nahm auch ich mit in die Ferien. Kaum war ich zu Hause angekommen, klingelte das Telefon: „Hey, cool dass du wieder da bist. Du musst uns unbedingt erzählen, wie es läuft. Lass uns heute Abend zusammen rausgehen!" Natürlich erzählte ich meinen Freunden immer gerne von der Zeit im Internat. Ich wollte ja nicht wie ein Langweiler dastehen. Doch weil ich wegen des morgendlichen Trainings früher als alle anderen schlafen gehen musste, glaubte ich, dass sie mich genau für einen solchen hielten. Während sie sich Pommes und Burger bestellten, musste ich auf das verbotene Fast Food verzichten. Wie ein richtiger Langweiler.

Wir erfüllten unsere Trainingspläne nicht nur. Jeder würde versuchen, Trainer und Konkurrenz nach den Ferien mit einer Topform zu überraschen. Während ich morgens meine Laufrunden absolvierte, vermutete ich, dass die Konkurrenz im wahrsten Sinne des Wortes nicht schlief. Sicher würden alle einen Kilometer mehr laufen, als im Trainingsplan angegeben war. Also lief ich zwei Kilometer extra.

Wer wird Profi?

Nach drei Wochen waren unsere Ferien schon vorüber. Alle anderen Schüler hatten noch frei. Wir hingegen kehrten ins Internat zurück, um eine dreiwöchige Vorbereitung durchzustehen. Erst dann ging auch der ungeliebte Schulunterricht wieder los. Die vier bis fünf Stunden am Tag waren für uns nur nervig. Zum Ärger unserer Lehrer lag unsere Konzentration auf den beiden Trainingseinheiten. Wenn abends kein Fußball im Fernsehen lief, zockten wir FIFA auf der Playstation – und das nicht immer nur bis zur Nachtruhe um 22:00 Uhr.

Für meinen Zimmerkollegen lief es in der Schule leider nicht so gut. Auch fußballerisch konnten die Trainer bei ihm keine Weiterentwicklung feststellen.

Gerade hatten wir uns so richtig angefreundet, da musste er die Akademie schon wieder verlassen. Ich durfte bleiben. Nur zehn von uns erreichten das fünfte und letzte Jahr der Akademie. Bereits im vierten Jahr durften einige im Amateurteam mittrainieren. Doch jetzt bekam jeder die Möglichkeit, dort seine Erfahrungen zu sammeln. Manche trainierten sogar bei den Profis. Jetzt ging es darum, die letzten kleinen Entwicklungsschritte zu vollziehen und sich für den Profifußball zu empfehlen. Aber nicht jedem wurde eine Zukunft in den Seniorenmannschaften des Hauptstadtclubs in Aussicht gestellt. Einige wurden auch Partnervereinen angeboten. Schon bald streiften die ersten Spielerberater über den Campus. Das sahen unsere Trainer und Heimleiter überhaupt nicht gern. Am Ende konnten sie es nicht verhindern, dass einige Talente, die sie mühevoll ausgebildet hatten, in Zukunft Tore gegen sie schießen würden.

Ich hatte zwar keine Probleme mit Heimweh, aber ich habe mich wie alle auf zu Hause gefreut. Manche freuen sich nicht auf zu Hause, weil ihre Eltern sich so oft streiten. Und es gibt auch Familien, deren Heimat im Krieg zerstört wurde. Es ist schön, dass es für alle Menschen eine zweite, ewige Heimat gibt, die niemals kaputtgehen kann. Ich sehne mich nach meiner Heimat bei Gott, die jeder kennenlernt, der Jesus in sein Herz einlädt.

Josef Schneider

24 STUNDEN FUSSBALL – LEBEN IM INTERNAT

Die FK-Austria-Wien-Akademie ist die Ausbildungseinrichtung von Austria Wien für Fußballer im Alter von 14 bis 18 Jahren. Dort gibt es zum einen Schüler, die übernachten und nur selten heimfahren (z.B. in den Ferien). Zum andern ist es mittlerweile möglich (anders als noch bei Josef) morgens zu kommen und abends wieder zu gehen. Montags, dienstags und donnerstags sieht der typische Tagesablauf eines Internatsschülers so aus:

Wann	Was
7:00	Frühstück
8:00	Vorbereitung (Umziehen, Vorbereitung, Massage etc.),
9:00	Trainingseinheit
10:30	Nachbereitung (Besprechung, Massage, Physio- therapie etc.)
12:00	Mittagessen
13:00	Schule
17:00	Vorbereitung
17:30	Trainingseinheit
19:00	Nachbereitung
20:00	Abendessen
22:30	Nachtruhe

Stand: 2014

Mittwochs und freitags haben die Schüler am Vormittag Schule und am Nachmittag ihre Trainingseinheiten.

Vielen Dank an die FK-Austria-Wien-Akademie für den Einblick in das Internatsleben.

Ayoub Jamal mit voller Konzentration beim Probetraining.

AYOUB JAMAL

PROBETRAINING

Eines Tages klingelte auch bei mir das Handy. „Unbekannte Nummer" stand auf dem Display. Ich hob ab und am anderen Ende meldete sich mein ehemaliger Jugendtrainer[1].

Er las immer interessiert den Sportteil der Zeitung und in den letzten drei Wochen war ich darin als junges Talent öfter positiv erwähnt worden.

„Hallo, wie geht's dir?", meldete er sich.

„Danke! Total nett, dass Sie anrufen. Was gibt's?", erwiderte ich.

„Du bist fußballerisch richtig gut unterwegs, habe ich gelesen. Vierte Liga ist schon nicht schlecht, aber ich glaube, da geht noch mehr. Erste Liga, Nationalmannschaft![2] Das könnte wirklich ein realistisches Ziel für dich sein." So langsam ahnte ich, worauf er hinaus wollte. „Können wir uns treffen?", fragte er. Ich stimmte zu. Bei diesem Anruf war ich noch echt nervös. Als aber dann der zweite, dritte und vierte potenzielle Spielerberater bei mir anfragte, wurde ich immer routinierter.

Ich verabredete mich mit allen jeweils an unterschiedlichen Tagen im gleichen Café. Zur Vorbe-

[1] Nordin Hibib, MSV Bonn (C-Jugend)

[2] marokkanische Nationalmannschaft

reitung redete ich mit einigen meiner Freunde. Sie hatten solche Gespräche schon geführt und wussten, worauf es ankam. So erfuhr ich, dass mein ehemaliger Jugendtrainer mittlerweile ein angesehener Spielerberater war, der auch einige Profis unter Vertrag hatte.

Meine Kumpels rieten mir:

„Das Wichtigste, nach dem du fragen musst, ist, welche Spieler er schon betreut. Hat er gute an Bord, dann ist er auch ein Guter. Hat er keine, dann hat er nichts drauf."

Das Pokern ging los: Wir saßen uns im Café gegenüber. Er sagte mir, dass er mich gerne haben wolle, aber auch schon andere Spieler in Aussicht hätte. Ich wiederum erklärte ihm, dass ich gerne mit ihm zusammenarbeiten würde, aber auch noch mit anderen Beratern sprechen würde. So oder so ähnlich lief es auch mit den anderen drei Kandidaten.

Mein ehemaliger Coach bemühte sich intensiv um mich. Er besuchte fast jedes meiner Spiele und rief mich anschließend an, um mir Feedback zu geben. Irgendwie verfolgten wir die gleichen Ziele.

„Wir müssen zusehen, dass du schon bald höher spielst. Aber zuerst musst du regelmäßig weiter gute Leistung bringen, um größeres Aufsehen zu erregen."

Ayoub Jamal
Sturm

Das hörte sich vernünftig an und ich merkte, dass ich zu meinem alten Trainer Vertrauen aufgebaut hatte. Ich unterschrieb bei ihm und gemeinsam gingen wir auf die Suche nach einem passenden Verein.

Erst musste ich ein bisschen Geduld haben, doch dann ging alles sehr schnell. Er meldete sich:

„Ich habe einen Erstligaverein[3] für dich! Die suchen einen großen, technisch starken Offensivspieler. Die Mannschaft habe ich mir schon angeschaut. Ich glaube, du hast eine sehr gute Chance, bei denen unterzukommen." Das hörte sich gut an!

„Wo ist der Haken?", fragte ich zurück.

„Kein Haken: nur vorspielen. Ich melde mich, sobald ich mehr weiß!"

Einfach nur professionell

Einige Tage später saß ich mit meinem Berater im neuen Stadion[4] meines möglicherweise neuen Vereins. Wir schauten uns ein Spiel der zweiten Mannschaft an und trafen uns anschließend mit dem Manager, der mir ein paar Infos gab.

Am nächsten Morgen sollte ich um acht Uhr auf der Matte stehen. Vor dem Probetraining um neun Uhr gab es noch ein paar Dinge zu erledigen. Zuerst meldete ich mich bei der Information, wo mich der Co-Trainer[5] einige Minuten später abholte. Nach ein paar Unterschriften in seinem Büro übergab er mich an einen Betreuer, der mich zur Umkleidekabine führte.

„Hier geht's rein!" Nun musste ich es alleine angehen. Ich betrat die geräumige Kabine. Während ich das übliche Shakehands abspulte, hielt ich Ausschau nach dem Platz, der für mich bestimmt war. Ich wurde bald fündig. Über einem freien Platz direkt am

Name: Ayoub Jamal

Geburtsdatum: 20.06.1985

Geburtsort:
Bonn, Deutschland

Größe: 1,89 m

Nationalität:
Deutschland, Marokko

Fuß: rechts

Spitzname: Juppes

Aktueller Verein:
CSV Neuwied

[3] Willem II Tilburg
Saison 2006/2007

[4] Koning Willem II Stadion
14 700 Plätze

[5] Andries Jonker:
unter Luis van Gaal
auch bei FC Barcelona
und FC Bayern

6 Dennis van Wijk

7 Stabilisationstraining:
Ayoubs Horrorübung:
das Seitheben

Eingang war zu meiner Überraschung schon mein Name angebracht.

„Außer Duschzeug und Fußballschuhen musst du nichts mitbringen", hatte mein Berater gesagt und es stimmte. Die Trainingskleidung in genau der richtigen Größe lag schon bereit. Wow, das machte echt Eindruck auf mich. Alles war einfach nur professionell. Hier wollte ich Fußball spielen.

Kurz darauf erschien der Co-Trainer in der Eingangstür. Er klatschte in die Hände und forderte uns auf, ihm auf das Trainingsgelände zu folgen. Der Torhüter war der Erste, der den Kontakt zu mir suchte und mir so die Nervosität etwas nahm. Auch der Kapitän begrüßte mich und dann ging es los.

Der erste Eindruck

Das erste Training verlief gut. Zwar geriet ich mit einem Spieler in die Wolle, aber das war nicht zu meinem Nachteil. Ich war geladen und setzte den Ball bei nächster Gelegenheit volley links oben in den Winkel. Sofort schaute ich zum Trainer[6], um zu sehen, wie er mich fand. Keine Reaktion. Ich schaute zu meinem Berater – Daumen nach oben. Erst in der Mittagspause erfuhr ich in einem persönlichen Gespräch, was der Trainer bis jetzt von mir hielt.

„Du bist groß und fitter als wir dachten. Du bist technisch gut ausgebildet, aber deine Körperspannung ist katastrophal. Auch an deiner Gelenkigkeit müssen wir dringend arbeiten. Aber der erste Eindruck bleibt positiv."

Bei der zweiten Trainingseinheit wollte ich den positiven Eindruck bestätigen, doch das ging mächtig in die Hose. Wir gingen nicht auf den Platz, sondern in die Sporthalle zum Stabitraining[7]. Ich hasste

POSITION

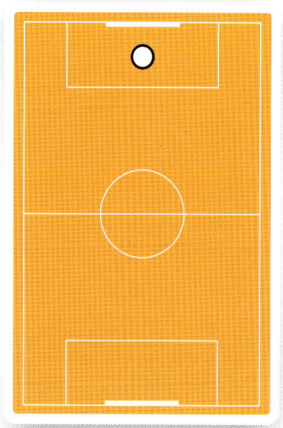

Mittelstürmer

es und deshalb war ich auch nicht gut darin. Fast alle Übungen musste ich frühzeitig abbrechen, weil ich nicht mehr konnte. Eben hatte der Trainer noch davon gesprochen, dass er genau das als meine Schwäche ausgemacht hatte. Und zwei Stunden später blamierte er mich damit vor der ganzen Truppe. Das war demütigend.

Ich war erleichtert, als es dann doch noch auf den Platz ging. Hier wollte ich den Spieß wieder umdrehen, doch auch hier klappte in dieser Einheit nichts. „Okay, das war's, dann kann ich wohl meine Taschen packen", dachte ich. Auch der Co-Trainer hatte gesehen, dass diese Einheit nicht so überzeugend war, doch er meinte: „Wir sehen uns morgen."

Die Entscheidung

Am Abend musste ich mir eine Predigt zum Thema Körpersprache anhören.

„Junge", sagte mein Berater, „du musst auf deine Körpersprache achten. Lass den Kopf nicht hängen, wenn etwas nicht so klappt, wie es soll." Ich hatte noch drei Trainingseinheiten, um die Trainer von mir zu überzeugen, und versuchte den Tipp umzusetzen. Am Ende dieses Tages ließ ich aber dann doch wieder den Kopf hängen. Die Trainer erklärten mir, dass ich für das Amateurteam auf jeden Fall geeignet sei. Ob es für die erste Mannschaft reicht, müsse sich am letzten Trainingstag zeigen.

„Ich bin doch nicht hier angetreten, um dann in der Amateurtruppe zu kicken!", hätte ich fast laut gesagt. Mit einem Profivertrag nach Hause zu fahren, das war mein Ziel und nichts anderes.

Am entscheidenden dritten Tag brachte ich eine solide Leistung. Ob ich es jetzt geschafft hatte oder

Vereine:

MSV Bonn

1. FC Köln

PSI Yurdumspor Köln

Willem II Tilburg

Leeds United A.F.C.

FC Ingolstadt 04

Neckarsulmer Sport-Union

SV Wachtberg

Erfolge:

2003 Aufstieg in die Oberliga Nordrhein

17 Spiele / 4 Tore für Marokko (U17–U23)

2 Profi-Testspiele

nicht, das war nun völlig offen. Ich duschte, zog meine Klamotten an und machte mich auf den Weg zum Büro. Ich traf das Trainergespann auf dem Flur und bevor ich fragen konnte, bekam ich schon die Antwort:

„Also es gibt ein ‚Ja‘ von mir."

Dieser Meinung schloss sich auch der Co-Trainer an: „Von mir bekommst du auch ein ‚Ja‘." „Und mit deinem Berater einigen wir uns", ergänzte wieder mein zukünftiger Trainer.

Zwei Wochen später ging es los. Mit einer stabilen Leistung wollte ich überzeugen. Zuerst musste ich mich zwar an das hohe Tempo gewöhnen, doch dann lief es im Training mit den gestandenen Profis ganz gut.

Ich hatte das Glück, dass in dem voll besetzten Kader ein Platz frei geworden war. Ein Spieler hatte sich ernsthaft verletzt und mein Spielerprofil passte zufälligerweise genau. Es dauerte drei Tage, bis der Trainer von meiner Leistung überzeugt war. In Gottes Mannschaft gibt es das alles nicht. Es gibt keine begrenzte Anzahl von Spielern in seinem Kader und man muss ihn nicht mit Leistung von sich überzeugen. Gott lädt jeden von uns ein. Dein Namensschild hängt schon am Spind und dein Trikot liegt bereit.

„WAS FÜR HARTE JUNGS"

Ayoub Jamal erzählt, dass beim Stabilisations-Training das „Seitheben" nicht zu seiner Lieblingsbeschäftigung gehörte. Vielleicht kannst du das nachvollziehen, wenn du die nachfolgenden Übungen zwei- bis dreimal pro Woche selbst ausprobierst.

Seitheben

Seitlich auf dem Unterarm abstützen, sodass nur noch die Füße den Boden berühren. Körper und Beine bilden eine gerade Linie. 20 Sekunden halten. Pro Seite 3 Wiederholungen.

Schwierigkeit erhöhen: Das obere Bein anheben, sodass es sich parallel zum Boden befindet und die Füße sich nicht mehr berühren.

Beidbeiniger Beckenlift

Auf den Rücken legen, die Arme parallel zum Körper ablegen. Beide Füße auf den Boden stellen. Nun die Hüfte nach oben anheben und 3 Sekunden halten. 20 Wiederholungen.

Schwierigkeit erhöhen: Nur einen Fuß auf den Boden stellen, das andere Bein strecken. Pro Seite 10 Wiederholungen.

Hüftrotation

Mit ausgestreckten Armen auf den Rücken legen. Die Beine anheben, sodass sich Oberschenkel und Waden in einem rechten Winkel zueinander und zum Oberkörper befinden. Beine geschlossen nach rechts abkippen, anschließend wieder in die Ausgangsposition bringen und nach links kippen. Schultern, Arme und Kopf dabei möglichst nicht bewegen. Pro Seite 10 Wiederholungen.

Schwierigkeit erhöhen: Die Waden nicht anwinkeln, sondern die Übung mit nach oben gestreckten Beinen durchführen.

WICHTIG: *Sobald Schmerzen auftreten, muss die Übung beendet werden.*

Manuel Bühler setzt sich im Vorbereitungsspiel gegen Zürich durch.

MANUEL BÜHLER

TRAININGSLAGER

In den Trainings arbeitete ich hart an mir und gab in den Spielen, die ich für die Amateurmannschaft des Clubs[1] bestritt, alles. Ich war bis in die Haarspitzen motiviert, denn ich durfte mir berechtigte Hoffnungen machen, in der nächsten Saison[2] bei den Profis mitzutrainieren. Als ich mir aber kurz vor Saisonende eine Schulterverletzung zuzog, war ich am Boden zerstört. „War es das jetzt mit meiner Chance, die Vorbereitung bei der ersten Mannschaft zu beginnen?" Ich zerbrach mir den Kopf darüber.

Während der Verletzungspause wollte ich mich mit meinen Freunden treffen. Auf dem Weg in Richtung Innenstadt[3] klingelte plötzlich mein Handy. Völlig unerwartet rief mich der Co-Trainer[4] des Profiteams an:

„Glaubst du, dass du bis zu unserem Saisonstart wieder fit bist?", fragte er.

„Ja. Ich geh davon aus!", war meine spontane Antwort.

„Dann sehen wir uns in zwei Wochen zum Trainingsauftakt!" Und schon hatte er aufgelegt. Eben war ich noch total frustriert und nun bekam ich das

War aktiv für 1860 München

[1] 1860 München
[2] Saison 2012/2013
[3] München
[4] Wolfgang Schellenberg

Manuel Bühler
Abwehr

Lächeln nicht mehr aus dem Gesicht. Ich konnte es kaum abwarten.

Zwei Wochen später stand ich tatsächlich in der Profikabine. Ich war einer der Ersten, doch mit der Zeit kamen auch die gestandenen Profis. Schon bald verließen wir die Kabine in Richtung Trainingsgelände. Es überraschte mich, wie viele Fans gekommen waren und auch mich nach einem Autogramm fragten. Die Pressevertreter scharrten sich eher um die Stars[5] und natürlich um den Trainer[6].

Mit kurzer Verzögerung konnte die lockere Auftakteinheit beginnen. Wir machten ein paar Technikübungen und zum Abschluss wurde gespielt. 10:10. Ich hatte einen guten Eindruck von mir und sagte das auch meinem Spielerberater, der mich danach fragte.

„Ist alles super gelaufen", antwortete ich ihm, „aber mir hat niemand gesagt, wie lange ich jetzt bei den Profis mittrainieren darf. Weißt du mehr?"

Er wusste nichts, versprach mir aber, nachzufragen. Am Abend hörte ich wieder von ihm.

„Du fährst auf jeden Fall mit ins erste Trainingslager, alles Weitere ist noch offen."

Zwei Wochen lang durfte ich also zeigen, was ich draufhatte.

[5] Benjamin Lauth
Rob Friend
[6] Reiner Maurer

Perfekte Bedingungen

Für einen Fußballer waren die Trainingsbedingungen einfach paradiesisch. Es gab immer frisches Obst. Getränke und Nahrungsergänzungsmittel waren in allen erdenklichen Geschmacksrichtungen zu bekommen. Mehrere Physiotherapeuten kümmerten sich um uns und im Wellnessbereich konnte man sich von den harten Einheiten erholen. Wir mussten uns auch nicht um unsere Wäsche kümmern. Der Zeugwart sorgte dafür, dass beim nächsten Training alles sauber und zusammengelegt auf unseren Plätzen lag. Wir mussten tatsächlich nur mit einem Kulturbeutel zum Training kommen. Es war einfach nur perfekt.

Der Job von mir und den anderen Nachwuchsspielern war es, uns um die Hütchen, Ballsäcke, Tore und die anderen Trainingsmaterialien zu kümmern. Ich wusste, dass man sich die Anerkennung der alten Hasen erarbeiten muss. Und wenn diese Fleißarbeiten dazugehörten, dann war das eben so. Schnell fühlte ich mich als Teil der Gruppe, doch meine Freude darüber bekam kurz darauf einen herben Dämpfer.

Einmal mussten wir etwas früher am Platz sein, es sollten Mannschaftsfotos gemacht werden. An der Kabinentür hing ein großes Blatt, auf dem jeder Spieler sehen konnte, wo er beim Gruppenbild zu stehen hatte. Als ich mich nach mehrfachem Durchlesen immer noch nicht gefunden hatte, wurde mir klar, dass ich gar nicht auf der Liste stand. Ich sagte nichts und hoffte, dass sich diese Sache noch aufklären würde.

Als der Teammanager zu mir und einem anderen Spieler sagte: „Das mit den Fotos dauert nicht

Name: Manuel Bühler

Geburtsdatum: 06.04.1992

Geburtsort:
Herrenberg, Deutschland

Größe: 1,85 m

Nationalität: Deutschland

Fuß: rechts

Spitzname: Manu

Aktueller Verein:
TSV 1860 München

Vereine:
TGV Entringen
SSV Reutlingen
1. FC Nürnberg

Erfolge:
2007 Länderpokalsieger
mit der WFV-Auswahl,

2013 Meister
Regionalliga Bayern,

7 Profi-Testspiele

lang. Ihr könnt in der Kabine warten", wurde mir bewusst, dass wir gar nicht eingeplant waren. Ich war zwar enttäuscht, hakte das Ganze aber schnell ab. Immerhin hatte ich noch genügend Trainings- und hoffentlich auch Spielzeit, – um genau diese Sache zu ändern.

Das erste Trainingslager

Nach der ersten Woche auf heimischem Platz fuhren wir ins erste Trainingslager. Wir waren in einem tollen Hotel untergebracht und trainierten manchmal dreimal am Tag. Es war so anstrengend, dass ich außer zu schlafen und zu essen nichts anderes tat. Außerdem stand eine ganze Reihe von Testspielen bei Fanfesten auf dem Programm. Meistens durfte ich eine Halbzeit für meine Mannschaft ran. Wir gewannen immer deutlich und auch ich konnte mich einmal in die Torschützenliste eintragen.

Auch wenn es nur ein Tor von vielen in dieser Woche war, so beflügelte es mich doch in den nächsten harten Trainingstagen noch mal, alles aus mir rauszuholen. Bald würden die Trainer ihre Entscheidung treffen. Ich wollte unbedingt mit auf dieses zweite Trainingslager fahren und hatte auch das Gefühl, dass das gerechtfertigt wäre. Der Anruf meines Spielerberaters brachte die erlösende Nachricht: „Sie wollen dich auch für die nächsten vier Wochen mit dabei haben", sagte er.

Ich hatte mich richtig eingeschätzt und ballte die Faust vor Freude. Einige Tage später rief mich der Trainer zu sich. Er erklärte mir in einem Gespräch unter vier Augen, warum ich diese Chance bekam und wo ich mich noch verbessern müsste. Ich versprach ihm, an mir zu arbeiten.

POSITION

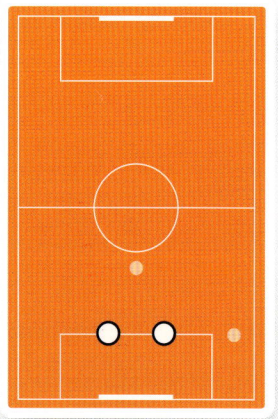

Innenverteidiger
Nebenposition:
Rechter Verteidiger
Defensives Mittelfeld

Erstklassige Gegner

Mit der Reise, die unsere Mannschaft diesmal ins Ausland[7] führte, begann auch der Medienrummel. Auf uns warteten Mannschaften, die uns ebenbürtig, wenn nicht sogar überlegen waren. Der Druck erhöhte sich spürbar und die Journalisten folgten uns auf Schritt und Tritt. Von nun an mussten wir gute Ergebnisse gegen starke Gegner[8] liefern. Ich zweifelte, ob ich überhaupt zum Einsatz kam, spekulierte auf maximal zehn Minuten und war überrascht, als mich der Trainer in der Halbzeit zum Aufwärmen schickte.

Kaum zu glauben, schon wenige Minuten später stand ich auf dem Platz. Der Gegner[9] machte ordentlich Druck und brachte unsere Abwehr mächtig zum Wackeln. Mit etwas Glück gewannen wir knapp und lieferten Presse und Fans den ersten Sieg. Bei mir lief es zwar nicht optimal, aber ich war zufrieden. Hoffentlich sah der Trainer das genauso. Im nächsten Spiel bekam ich jedoch keine Einsatzzeiten.

„War ich im ersten Spiel doch zu schlecht?" Ich machte mir so meine Gedanken. Bei einer Niederlage in einem Lokalderby[10] saß ich wieder nur auf der Bank und für den abschließenden Härtetest der Vorbereitung rechnete ich mir nicht viel aus. Wir spielten vor 6 000 Zuschauern gegen einen Traditionsclub[11]. In der 80. Minute schickte mich der Trainer doch noch aufs Feld. Es war für mich ein riesiges Erlebnis, gegen eine so starke Mannschaft Erfahrung sammeln zu dürfen, und ich beschloss, diese Zeit einfach nur zu genießen. Der Abpfiff beendete das Spiel und auch die Vorbereitung.

„Spiele ich in seinen Planungen eine Rolle?

[7] Schweiz

[8] 05.07.2012
1860 München – 2
Grashoppers Zürich – 1

[9] Grashoppers Club Zürich, Young Boys Bern

[10] 29.06.2012
SpVgg Unterhaching – 2
TSV 1860 München – 1

[11] 25. Juli 2012
Borussia
Mönchengladbach – 4
1860 München – 2

Bekomme ich die Chance, auch bei den Punktspielen mit dabei zu sein?" Jetzt hieß es abwarten. Es konnte nicht mehr lange dauern. Bald wollte der Trainer bekannt geben, wer nun seinem Team angehörte.

Jeder junge Fußballer hat ein Vorbild. Meines war Zé Roberto. Ich wollte immer so spielen wie er und schaute mir viel von ihm ab. Heute lerne ich eine Menge von den gestandenen Profifußballern, wenn ich mit ihnen auf dem Trainingsplatz stehe. Sich nichts von ihnen abzuschauen, wäre dumm. Auch in Kirchen und Gemeinden gibt es Leute mit sehr viel Erfahrung. Sie sind durch Höhen und Tiefen gegangen, kennen die Bibel und wissen deshalb auf viele Fragen eine richtig gute Antwort. Manchmal lachen wir über sie, anstatt von ihnen zu lernen.

FUSSBALL IN DEUTSCHLAND

25.000 FUSSBALLVEREINE
5,7 MILLIONEN SPIELER (1427 PROFIS)
1,1 MILLIONEN SPIELERINNEN (360 PROFIS)

In Deutschland gibt es ca. 25.000 Fußballvereine mit mehr als 6,8 Millionen gemeldeten Spielern und Spielerinnen (Stand Mai 2013). Hiervon sind etwa 15 Prozent Frauen (1,1 Millionen).

Profifußballer ist man, wenn man mit der Ausübung dieses Sports seinen Lebensunterhalt verdienen kann. Außerdem muss man einen Profi- oder Lizenzvertrag mit einem Verein aus einer der drei Lizenzligen (1., 2. oder 3. Bundesliga) abgeschlossen haben.

Quelle (Stand: 27.01.2014):
www.dfb.de/uploads/media/DFB-Mitglieder-Statistik-2013.pdf
www.dfb.de/uploads/media/Mustervertrag_Vertragsspieler__07.2012.pdf

Reinhold Yabo (rechts)
feiert mit seinen Kollegen
den Sieg bei seinem
Bundesligadebüt für
den 1. FC Köln.

REINHOLD YABO

ERSTES SPIEL ALS PROFI

Wenn keiner verletzt war, standen 30 Spieler unter der Woche auf dem Trainingsplatz[1]. Im Kader für die Ligaspiele[2] waren aber immer nur 18 Plätze frei. Eigentlich waren es sogar nur drei, denn unser Trainer[3] setzte auf sein fünfzehnköpfiges Stammpersonal. Woche für Woche ging es unter uns Ergänzungsspielern darum, einen dieser übrigen Plätze zu ergattern. Keiner von uns hatte Lust, das Spiel auf der Tribüne oder vor dem Fernseher zu schauen. Nur wer auf der Bank sitzt, hat eine realistische Chance, bei einem der drei möglichen Wechsel zum Einsatz zu kommen. 29 Spieltage waren bereits vergangen, ohne dass der Trainer mich berücksichtigt hatte. 30 Mal schaute ich nach dem Abschlusstraining auf diese blöde, ausgehängte Liste, nur um festzustellen, dass ich wieder nicht nominiert war. Enttäuscht fuhr ich auch dieses Mal nach Hause, anstatt mit im Hotel zu übernachten, wie es für die achtzehn Auserwählten üblich war.

Das anstehende Auswärtsspiel[4] schaute ich mir zusammen mit Freunden vor dem Fernseher an. „Warum lässt dich der Trainer nicht spielen? Du hättest

[1] Geißbockheim

[2] Saison 2009/2010

[3] Zvonimir Soldo

[4] 10.04.2010
TSG 1899 Hoffenheim – 2
1. FC Köln – 0

Reinhold Yabo
Mittelfeld

dir wirklich eine Chance verdient", versuchten sie mich aufzubauen. Es war schön zu hören, dass sie an mich glaubten, aber kaufen konnte ich mir davon nichts.

Lampenfieber

Ein besonderes Spiel[5] stand am nächsten Freitag auf dem Plan. Es war nicht nur ein Heimspiel, sondern wir würden erst abends, das heißt mit Flutlicht, um wichtige Punkte gegen den Abstieg kämpfen. „Eine ideale Kulisse für meinen ersten Auftritt", dachte ich. Doch meine Leistung in dieser Woche war nicht besonders und so hakte ich die Sache schnell ab. Nur aus Interesse, wer es von den anderen geschafft hatte, schaute ich nach dem Abschlusstraining auf die Liste und traute meinen Augen kaum: Ich war tatsächlich im Kader! Das erste Mal in meiner Karriere verließ ich die Kabine in Richtung Hotel. Sofort informierte ich alle meine Kumpels. Sie waren mächtig stolz und versprachen mir, bei diesem wichtigen Spiel ins Stadion zu kommen.

Im Hotel passierte nicht mehr viel. Wir aßen gemeinsam zu Abend und nach einer kurzen Teambesprechung verschwanden fast alle auf ihren Zimmern. Manche schauten sich noch einen Film an, andere spielten auf der Playstation und ich las in

[5] 16.04.2010
1. FC Köln – 2
VfL Bochum – 0

einem Buch, ohne jedoch zu registrieren, was da eigentlich stand. Immer wieder schweiften meine Gedanken ab in Richtung Stadion[6]. Ich wusste selbst nicht warum, aber ich glaubte ganz tief in meinem Herzen, dass morgen der Tag sein könnte, an dem ich diese zwölf Zentimeter breite Außenlinie überschreiten würde. Nicht nur das. Ich träumte von der Begrüßung durch unsere fußballverrückten Fans, ja sogar davon, das entscheidende Tor zu schießen. Immer wieder versuchte ich meine Gedanken zu beherrschen, denn sie hielten mich mittlerweile vom Schlafen ab. Am nächsten Morgen war es nicht besser. Von der Teambesprechung bekam ich nicht viel mit. Das Mittagessen und der kurze Spaziergang taten zwar gut, aber halfen nicht wirklich. Meine Lage besserte sich erst, als es am späten Nachmittag endlich losging.

Heimspiel

Wir fuhren mit dem Mannschaftsbus durch die Stadt zum Stadion. Tausende von Fans waren unterwegs. Wo man hinschaute, sah man unsere Vereinsfarben[7]. Unser Bus löste, wohin er auch kam, Begeisterungsstürme aus und ich saß hinter der getönten Scheibe und ließ diese Eindrücke auf mich wirken. Die Nervosität war der nötigen Anspannung gewichen und ich freute mich nun riesig auf das Spiel im ausverkauften Stadion.

Wir fuhren direkt vor den Kabinentrakt und legten unsere persönlichen Sachen ab. Nachdem wir uns den Platz angeschaut hatten, zogen wir uns um. Auf ein intensives Aufwärmen folgte die Ansprache des Trainers.

„Das wird heute ein Sechs-Punkte-Spiel. Wenn

Name: Reinhold Yabo

Geburtsdatum: 10.02.1992

Geburtsort:
Aldenhoven, Deutschland

Größe: 1,77 m

Nationalität: Deutschland

Fuß: beidfüßig

Spitzname: Ray

Aktueller Verein:
Karlsruher SC

Vereine:
1. FC Köln
Alemannia Aachen

Erfolge:
2009 Europameister (U17)

2009 Aufstieg in die Regionalliga West

2009, 2010 Fritz-Walter-Medaille in Silber

60 Spiele / 6 Tore für Deutschland (U15–U20)

mehr als 60 Profi-Pflichtspiele

[6] Rhein-Energie-Stadion

[7] Rot, Weiß

wir gewinnen, haben wir erst mal Ruhe vom Thema Abstieg. Lasst uns an die gute Leistung vom letzten Wochenende anknüpfen und mit dem zweiten Sieg in Folge eine Serie starten."

Unter tosendem Applaus betraten wir den Innenraum der Arena. 50 000 Fans sangen die Vereinshymne. Ich setzte mich auf die Ersatzbank, während die erste Elf den Platz betrat. Der Anpfiff ertönte und unter ohrenbetäubendem Lärm kamen wir gut ins Spiel. Nach 15 Minuten war die Vereinshymne erneut zu hören. Gemeinsam mit den Fans bejubelten wir die Führung[8], die uns bis zur Halbzeit erhalten blieb.

Noch 15 Minuten

Unverändert gingen beide Mannschaften in die zweite Hälfte. Um sich alle Wechselmöglichkeiten offenzuhalten, schickte der Trainer uns alle zum Aufwärmen. Schon nach zehn Minuten winkte er das erste Mal zu uns rüber. Der Gegner hatte sich kurz zuvor durch einen Wechsel leicht offensiver aufgestellt. Logischerweise verstärkten wir jetzt unsere Defensive, was nicht zu meinem Spezialgebiet gehörte. Dieser Wechsel hatte unserem Gegner nichts gebracht. 15 Minuten vor Schluss ein weiterer Wechsel. Stürmer wechselte gegen Stürmer mit dem Unterschied, dass der Neue deutlich größer war und nun die langen Flanken ins Tor nicken sollte. Auch dieser Joker konnte den Spielstand nicht ausgleichen. Im Gegenteil, unser Torschütze zum 1:0 netzte nur 3 Minuten später wieder ein.

Plötzlich wurde mir bewusst, dass das Spiel so gut wie gelaufen war. Meine Knie begannen zu zittern. Wenn der Trainer eine Möglichkeit hatte, mir risiko-

POSITION

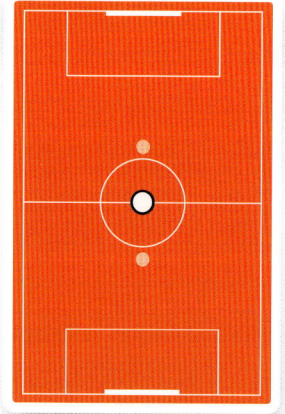

Zentrales Mittelfeld
Nebenposition:
Defensives Mittelfeld
Offensives Mittelfeld

los eine Chance zu geben, dann jetzt. Ich machte mich gar nicht mehr richtig warm, mein Blick wechselte zwischen Anzeigetafel und Trainerbank hin und her. Nach langen zehn Minuten[9] trafen meine Augen die meines Trainers. Er winkte mich zu sich rüber. Meine Kollegen wünschten mir Glück. Irgendwo aus dem Fanblock hörte ich jemanden rufen:

„Das hast du dir verdient!" Vielleicht war es einer meiner Freunde, doch ich hatte keine Zeit, mich umzudrehen. Ich rannte so schnell ich konnte zur Trainerbank. Ein Betreuer reichte mir das Trikot[10] und ich streifte es mir über. Der Trainer gab mir einen Klaps und wünschte mir Glück.

Da stand ich nun an der Außenlinie, die ich in meinen Träumen bereits überquert hatte. Die Wechseltafel zeigte die Rückennummer des Matchwinners[11]. Er verließ unter tosendem Applaus den Rasen. Die Leidenschaft, mit der die 50 000 Fans meinen Namen schrien, spülte mich aufs Feld. Ich spielte nur drei Minuten und hatte genau zwei Ballkontakte. Aber ich war überglücklich und feierte den Sieg in der Fankurve, als hätte ich 90 Minuten durchgepowert.

Wir hatten einen großen Schritt in Richtung Klassenerhalt gemacht. Mein Name stand nun häufiger[12] auf der Liste. Jetzt hoffte ich auch auf mehr Einsatzzeit, um die Mannschaft erfolgreich und die Fans somit glücklich zu machen.

[9] 88. Spielminute
[10] Nummer 37
[11] Nummer 14
[12] 2x

Eigentlich weiß jeder Spieler, dass Fußball auf dem Platz gespielt wird. Richtig klar wurde mir das aber erst, als ich nach meiner Einwechslung endlich auf dem Feld stand. Ich hätte gerne früher ins Spielgeschehen eingegriffen. Ein besonderes Spielfeld habe ich im Alter von 18 Jahren betreten: Ich entschied mich für ein Leben mit Jesus. Auf diesem Platz erwartete mich harter Kampf, aber auch viel Freude. Das Leben in der Beziehung mit Gott ist genau das, was mir immer gefehlt hatte. – Als Fußballer möchte man so früh wie möglich eingewechselt werden. Wer das Wesentliche nicht verpassen möchte, sollte die Entscheidung für ein Leben mit Jesus nicht bis zur letzten Minute aufschieben.

NOCH 24 STUNDEN BIS ZUM ANPFIFF

Es ist bekannt, dass ein Spiel in der Fußball-Bundesliga am Samstagnachmittag um 15:30 Uhr angepfiffen wird. Was aber geschieht in den letzten 24 Stunden vor dem Anpfiff? Die nachfolgende Übersicht gibt einen kleinen Einblick hinter die Kulissen.

FREITAG

15:30 Uhr	Letztes Training
17:30 Uhr	Fahrt zum Hotel im Mannschaftsbus
18:00 Uhr	Ankunft im Hotel
19:00 Uhr	Abendessen
20:00 Uhr	Mannschaftsbesprechung (inkl. Videoanalyse)
21:00 Uhr	Freizeit
23:30 Uhr	Bettruhe

SAMSTAG

bis 10:00 Uhr	Frühstück
10:30 Uhr	Entspanntes Laufen, Stretching und Beweglichkeitsübungen
12:00 Uhr	Leichtes Mittagessen
13:30 Uhr	Mannschaftsbesprechung (Aufstellung, Position etc.)
14:00 Uhr	Anfahrt zum Stadion
14:20 Uhr	Ankunft in der Kabine
14:30 Uhr	Massage, Kräftigungsübungen etc.
14:55 Uhr	Aufwärmprogramm auf dem Rasen
15:20 Uhr	Rückkehr in die Kabine
15:25 Uhr	Auflaufen auf das Spielfeld
15:30 Uhr	Anpfiff – der Ball rollt

Cacau bejubelt sein Doppelpack für den 1. FC Nürnberg im Spiel gegen den Tabellenführer.

CACAU

ERSTES TOR ALS PROFI

Die komplette Hinrunde[1] ging ich mit unserer zweiten Mannschaft[2] auf Torejagd. Der erste Treffer ließ allerdings etwas auf sich warten. Als der Knoten aber dann geplatzt war, lief es für mich richtig gut: neun Spiele – neun Tore. Diese Quote musste dem Profitrainer doch auffallen! Meine Hoffnung war es, bald vor Zehntausenden Fans zu spielen. Einen treffsicheren Stürmer konnten sie im Oberhaus gut gebrauchen. Der Verein steckte nämlich mitten im Abstiegskampf.

Ich bekam tatsächlich eine Chance. Bei meinem zwölfminütigen Debüt erzielte ich zwar kein Tor, aber wir gewannen mit 2:0[3] und sammelten damit wichtige Punkte. Zwei Wochen später stand ich in einem turbulenten Spiel[4] wieder im Kader. Handspiel, Rote Karte, Elfmeter, Foulspiel, Platzverweis, dreimal Gelb und genauso viele Gegentore. Das war die traurige Bilanz nach 90 Minuten Kampf. Ich hätte so gerne geholfen. Doch ich gab mich mit dem zufrieden, was ich bekam, und das war an diesem Tag immerhin ein Platz auf der Ersatzbank.

Da ich an diesem Samstag nicht eingesetzt wurde,

[1] Saison 2001/2002

[2] 1. FC Nürnberg II
Oberliga Bayern

[3] 18.11.2001 –
1. FC Nürnberg – 2
Hansa Rostock – 0

[4] 01.12.2001
1. FC Nürnberg – 0
Schalke 04 – 3

5 02.12.2001
1. FC Nürnberg II – 2
SpVgg Unterhaching II – 0

6 Paulo Rink

war ich noch für das Spiel[5] der zweiten Mannschaft am Sonntag spielberechtigt. Ich war gut drauf und bereitete mit einer schönen Vorlage das 2:0 vor. Mit der zweiten Mannschaft ging ich als Sieger vom Platz.

Eine Entscheidung
von ganz oben.

Cacau
Sturm

Nach diesen so unterschiedlichen Spielen stand ich am Montag wieder auf dem Trainingsplatz der Profis. Auslaufen stand auf dem Programm.

„Du hast gestern gut gespielt", lobte mich der Co-Trainer. Es war mir gar nicht aufgefallen, dass er zugeschaut hatte, und ich war froh, dass ich ihn mit meiner Leistung überzeugen konnte. In dieser Trainingswoche lief alles perfekt. Das entging auch dem Cheftrainer nicht. Ein weiteres Argument machte ihn noch zusätzlich auf mich aufmerksam. Unser Topstürmer[6] war von unserem nächsten Gegner an uns ausgeliehen worden. Würde er im nächsten Spiel für unser Team auflaufen, wäre laut Vertrag eine Sonderzahlung fällig. In einem persönlichen Gespräch erklärte mir der Trainer, dass sich unsere Vereinsführung gegen diese Zahlung entschieden habe. Er sagte:

„Es kann gut sein, dass du am Wochenende von Anfang an spielst." Damit spornte er mich noch ein-

mal richtig an. Dass ich mit zu meinem ersten Auswärtsspiel[7] fahren würde, war jetzt schon klar. Ob
ich allerdings tatsächlich meinen ersten Einsatz von
Anfang an haben würde, das traute ich mich zu diesem Zeitpunkt noch nicht zu glauben. Lieber wartete ich auf die Mannschaftsbesprechung vor dem
Spiel, in welcher der Trainer die Aufstellung bekannt
geben würde.

„Im Sturm spielen wir mit ...", dabei zeigte er auf
mich und mein Name erschien auf der Taktiktafel.
Nun stand es fest: Ich würde von Anfang an spielen.
Bevor ich das Trikot[8] überstreifte, zog ich noch ein
T-Shirt an. Auch wenn es gegen den Tabellenführer
ging, war ich selbstbewusst genug, um zu glauben,
dass es bei einem Torjubel zum Einsatz kommen
könnte. Ich konzentrierte mich auf meine taktischen
Aufgaben. Eine Gelegenheit, das Spiel auf mich wirken zu lassen, hatte ich dieses Mal nicht.

„Gegen dieses Star-Ensemble[9] müsst ihr alle von
der ersten Sekunde an hellwach sein!", prägte uns
der Trainer vor dem Spiel deutlich ein. Wir glaubten
auch, dass wir sonst nach wenigen Minuten schon
in Rückstand geraten würden.

Zum ersten Mal von Anfang an

Nicht viele unserer Fans hatten uns zu diesem weit
entfernten Auswärtsspiel begleitet. Doch die, die
mitgekommen waren, erlebten einen rasanten Start
ihrer Mannschaft. Niemand hatte damit gerechnet,
dass wir für den Tabellenführer zum Problem werden
könnten. Aber jetzt dominierten wir unseren Gegner.
Wir spielten uns viele gute Gelegenheiten heraus.
Und in der 26. Minute tat ich einfach genau das, wofür ich in der zweiten Mannschaft mittlerweile be-

Name: Cacau

Geburtsdatum: 27.03.1981

Geburtsort:

Santo André, Brasilien

Größe: 1,78 m

Nationalität:

Deutschland, Brasilien

Fuß: rechts

Eigentlicher Name:

Claudemir Jeronimo Barreto

Aktueller Verein:

VfB Stuttgart

[7] 08.12.2001

Bayer Leverkusen − 4

1. FC Nürnberg − 2

[8] Trikotnummer 40

[9] Michael Ballack

Zé Roberto

Bernd Schneider

Oliver Neuville

Lúcio

Ulf Kirsten

kannt war: Tore schießen. Instinktiv stand ich genau da, wo ein Stürmer stehen muss. Aus vier Metern zielte ich auf das äußerste rechte Eck. Der Ball flog flach an Abwehrspieler und Torhüter vorbei, um direkt neben dem Pfosten einzuschlagen – 0:1. Die Fans des Gegners verstummten nun endgültig. Doch ich schrie die Freude über meinen ersten Treffer im Oberhaus laut heraus. Ich zog mein Trikot über den Kopf und präsentierte den Kameras eine wichtige Botschaft: „Jesus lebt und liebt dich", war auf dem T-Shirt zu lesen.

Nur eine Minute später kassierten wir leider schon den Ausgleich. Nach einer tollen Einzelleistung lag der Ball in unserem Tornetz. Wir alle ärgerten uns, dass der Vorsprung nur von so kurzer Dauer gewesen war. Der Jubel des gegnerischen Torschützen[10] schaffte es jedoch, ein Lächeln auf meine Lippen zu zaubern. Er rannte nämlich auch mit einem weißen T-Shirt über den Platz und seine Botschaft lautete ähnlich wie die meine: „Jesus liebt dich!"

POSITION

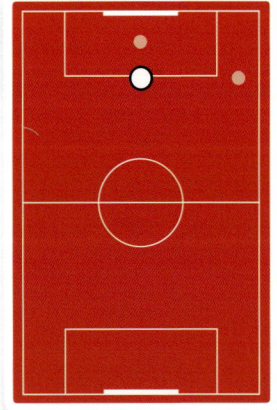

Hängende Spitze
Nebenposition:
Mittelstürmer
Rechtsaußen

Ein perfekter Konter

Kurz vor der Halbzeit hätte ich erneut für die Führung sorgen können, doch dieses Mal klappte es nicht, und so ging es mit einem Unentschieden in die Pause.

„Nicht nachlassen! Genau so weiterspielen!", forderte uns der Trainer[11] auf. „Hier ist heute was für uns drin!"

Wir waren alle top motiviert. Doch mit dem Anpfiff der zweiten Hälfte machte uns der Gegner plötzlich richtig Druck. Wir hatten Probleme, überhaupt aus der eigenen Hälfte herauszukommen. Bei einem der seltenen Entlastungsangriffe führte unser Regisseur[12] im Mittelfeld den Ball in die gegnerische Hälfte. Im nächsten Moment hatte ich ihn auf meinem starken rechten Fuß. Mir gelang heute einfach alles. Ich traf den Ball satt und versenkte ihn zum 1:2. Aus Dankbarkeit fiel ich auf die Knie und zum dritten Mal in diesem Spiel stand Jesus im Mittelpunkt.

Ein Spiel mit Folgen

Diese Führung schürte erneut die Hoffnung, als Sieger vom Feld zu gehen. Doch nach fünf Minuten gingen die Hausherren durch zwei Ecken und zwei Kopfballtore[13] in Führung. Kurz vor Schluss bauten sie diese mit einem vierten Treffer[14] sogar noch aus. Mit dem Schlusspfiff war klar: Der Favorit hatte verdient gewonnen und wir waren geschlagen. Mit dem Spielstand konnte ich mich nicht anfreunden, doch mit meiner eigenen Leistung war ich wirklich zufrieden. Auch die Presse hatte ich von mir überzeugt. Eine anerkannte Fußballzeitschrift[15] machte mich als Verlierer zum Mann des Spiels. Aber nicht nur das: Ich wurde zum besten Akteur des Spieltages[16] gewählt. Seit diesem Spiel war ich kein Unbekannter mehr. Das Wichtigste war aber, dass auch der Trainer von mir überzeugt war. Ich bekam nicht nur Spielzeit, sondern wurde sogar Stammspieler der Profimannschaft. In den letzten Monaten hatte meine Karriere so richtig an Fahrt aufgenommen. Im Abstiegskampf sammelte ich wichtige Erfahrungen für meine Profilaufbahn und zusammen schafften wir doch noch den Klassenerhalt.

Vereine:

Türk SV 1975 München,
1. FC Nürnberg

Erfolge:

2007 Deutscher Meister

2010 3. Platz WM

mehr als 400
Profi-Pflichtspiele,
davon 23 Spiele /
6 Tore für Deutschland

[13] 62′ Zoltan Sebescen 2:2;
63′ Michael Ballack 3:2

[14] 85′ Oliver Neuville

[15] Kicker Sportmagazin

[16] 16. Spieltag

Obwohl Fußball
eine Mannschaftssportart ist,
kann man sich als Christ manchmal
einsam fühlen. Bei meinem ersten Spiel
war ich von Beginn an nicht allein. Zé Roberto
spielte zwar in der gegnerischen Mannschaft, doch
weil wir beide an Jesus glaubten, waren wir trotzdem
irgendwie im selben Team. An diesem Nachmittag waren
wir zu zweit – oder doch zu dritt? Jesus verspricht, dass er
an jedem Tag bei uns ist. Auch wenn du der einzige Christ in
deiner Mannschaft oder sogar im Verein bist, darfst du mutig
bleiben. Mit Jesus bist du niemals allein.

SCHNELLER GEHT´S KAUM

**Das schnellste Tor in der Fußball-Bundesliga schoss
Giovane Élber (FC Bayern) 1998 im Spiel gegen
den Hamburger SV nach nur elf Sekunden.**

Der FC Bayern München hatte Anstoß. Dort passte Jancker
nach Berührung durch Élber den Ball zunächst zurück zu
Scholl. Dieser wiederum spielte den Ball weiter auf die rechte
Seite zu Basler. Kurz vor der Mittellinie schlug der eine lange
Flanke in den gegnerischen Strafraum. In vollem Lauf setzte
sich Élber gegen seinen Gegenspieler durch und erzielte mit
dem Kopf das 1:0 für den FC Bayern München.

Die Bayern gewannen das Spiel mit 3:0.

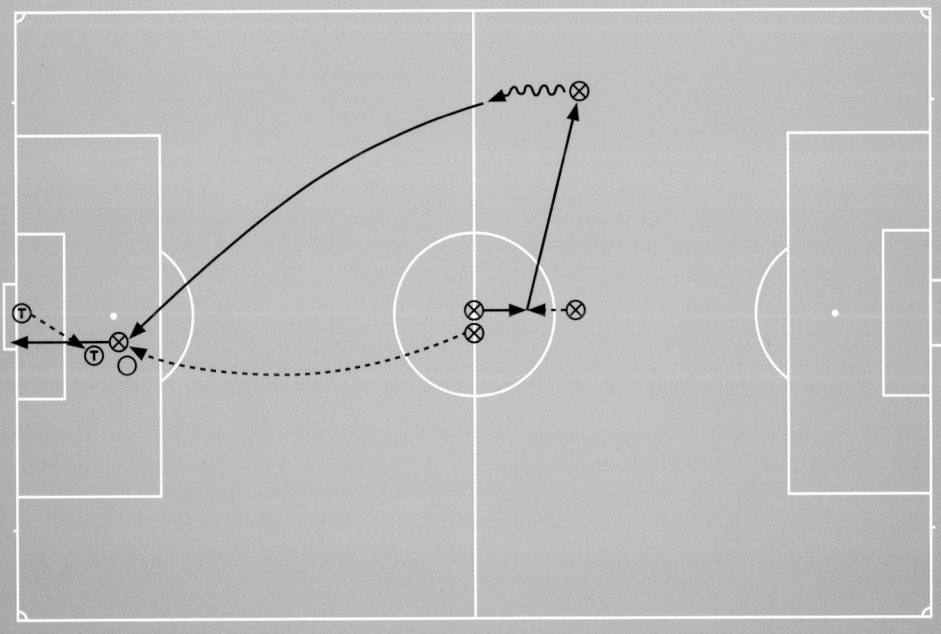

---➤ Laufweg ——➤ Ballweg ∿∿∿➤ Laufweg mit Ball
Ⓣ Torwart ⊗ Angreifer ○ Verteidiger

Mit guter Leistung versucht Leandro Grech
seinen Verein SpVgg Unterhaching
für Sponsoren attraktiv zu machen.

LEANDRO GRECH

VEREINSWECHSEL

Die Ansprüche in meinem Verein[1] waren für die kommende Saison[2] sehr hoch. Das Ziel war es, ganz oben mitzuspielen. Doch schon nach wenigen Wochen wurde klar, dass es nicht möglich sein würde, dieses Ziel zu erreichen. Also folgte, was kommen musste: ein Trainerwechsel.

Ich schätzte den neuen Coach[3] sehr und auch er zählte auf mich. Unsere Vorstellung davon, was es heißt, in einem Fußballverein angestellt zu sein, war ähnlich. Wir wollten Fußball richtig leben und nicht einfach nur spielen oder trainieren. Wir interessierten uns für viele Dinge, die in einem solchen Verein passieren, und das schweißte uns umso mehr zusammen.

Nicht alle im Verein waren so begeistert von mir wie er. Immer wenn ich als Spieler zur Debatte stand, stellte er sich mit den Worten „Wenn er gehen muss, dann bin ich auch weg" vor mich. Ich wiederum dankte ihm für seine Unterstützung durch gute Leistung.

Alles sah so weit ganz gut aus, bis plötzlich eine Nachricht das Chaos auslöste: Der Hauptsponsor

[1] SpVgg Unterhaching
[2] Saison 2009/2010
[3] Klaus Augenthaler

kündigte an, sein Engagement zum Auslaufen der Saison zu beenden. Würde in der verbleibenden Zeit kein neuer Hauptsponsor gefunden, dann gäbe es für viele Spieler in diesem Verein keine Zukunft mehr. Auch ich begann, mir ernsthafte Sorgen zu machen.

Diese Situation blieb natürlich auch anderen Vereinen nicht verborgen. Sie wussten genau um die guten Spieler in unseren Reihen und so erreichte auch mich bald ein Anruf: „Ich will dich im Sommer in meinem Team haben. Wir stellen hier eine schlagkräftige Truppe zusammen", meldete sich mein ehemaliger Trainer[4], der nun bei einem anderen Verein[5] unter Vertrag stand. Ich wollte genauere Informationen bekommen und so trafen wir uns in einem Restaurant. Er unterbreitete mir ein Angebot, das mir Sicherheit für die nächste Saison versprach. Es kam mir also eigentlich gelegen. Jedoch musste ich ihm erklärten, dass ich bei meinem jetzigen Trainer im Wort stand: „Ich habe ihm versprochen, dass ich bleibe, wenn sie rechtzeitig einen neuen Hauptsponsor finden, und ich möchte mein Versprechen halten. Ich kann dir also noch nicht zusagen. Ich brauche Zeit, um darüber nachzudenken und vor allen Dingen, um Gott zu fragen."

Er belächelte mich: „Ich glaube zwar nicht daran,

Leandro Grech
Mittelfeld

[4] Ralph Hasenhüttl
[5] VfR Aalen

dass ihr in der kurzen Zeit einen neuen Hauptsponsor findet, aber ich akzeptiere deine Einstellung." Er räumte mir also diese Bedenk- und Gebetszeit ein.

Mit vollem Risiko

Ich spielte auch meinem aktuellen Trainer gegenüber mit offenen Karten. Entgegen der mittlerweile vorherrschenden Meinung machte er mir Hoffnung und gab mir dadurch Grund zum Warten. Er hielt mich ständig über die Entwicklungen im Verein auf dem Laufenden, und schon bald konnte er einen möglichen Hauptsponsor präsentieren.

„Jetzt sind nur noch ein paar Formalitäten zu klären", versicherte er mir.

Doch auch mein möglicher Neutrainer ließ nicht locker.

„Mein Angebot steht! Wie lange willst du noch warten?", fragte er mich. „Du riskierst deine Karriere", gab er mir außerdem zu bedenken und lud mich zu einem weiteren Gespräch zu sich nach Hause ein. Dort erhöhte er sogar noch den Druck, indem er mir von einem anderen Spieler berichtete, der nur darauf warte, zu unterschreiben. „Ich kann ihn sofort anrufen und er ist dabei!", sagte er in der Hoffnung, dass ich nachgeben würde. Ich blieb aber standhaft und forderte ihn sogar auf, das Telefonat in meiner Anwesenheit zu führen. Er telefonierte jedoch nicht. Stattdessen gab er mir noch drei weitere Tage Zeit. Nach Ablauf dieser Zeitspanne sollte ich ihn anrufen.

Name: Leandro Grech

Geburtsdatum: 24.10.1980

Geburtsort:
Rosario, Argentinien

Größe: 1,82 m

Nationalität:
Argentinien, Italien

Fuß: links

Spitzname: Leo, Pipa

Aktueller Verein:
VfR Aalen

POSITION

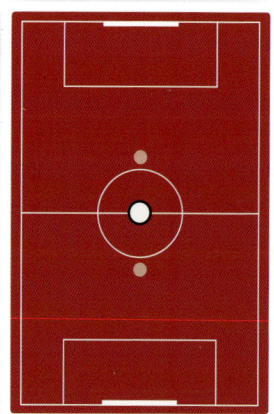

Zentrales Mittelfeld
Nebenposition:
Defensives Mittelfeld
Offensives Mittelfeld

Zwischen den Stühlen

Ich war so sehr hin- und hergerissen. Doch Gott sagte mir immer wieder, dass ich mein Versprechen halten und abwarten sollte. Ich beschloss mit meiner Frau, die eine Hälfte der Wohnung umzugsfertig zu verpacken und die andere Hälfte so stehen zu lassen. Auf diese Weise setzen wir unsere Offenheit Gottes Handeln gegenüber in die Tat um. Unser gemeinsamer Wunsch war es, dass das geschieht, was er im Sinn hat, auch wenn es für uns Unannehmlichkeiten bedeutet hätte.

Nach drei Tagen sollte auch das abschließende Gespräch zwischen dem möglichen Hauptsponsor und Vereinsführung stattfinden.

„Zu 99 Prozent ist die Sache klar", so beschrieb der Trainer die Ausgangslage. Er kündigte seinen Anruf für zehn Uhr morgens an, um mir die frohe Botschaft zu verkünden. Ich wartete mit meinem Berater vergebens. Um 10:40 Uhr griff ich schließlich selbst zum Hörer.

„Es wird nur noch eine kleine Sache geändert, dann kann unterschrieben werden, bitte warte noch." Bei meinem Neutrainer war ich schon 40 Minuten in Verzug. Ihm hatte ich versprochen, dass ich mich um kurz nach zehn Uhr bei ihm melde.

„Ich kann nicht mehr lange warten", erklärte ich meinem aktuellen Trainer.

„Gib mir bis zwölf Uhr Zeit, dann ist die Sache durch!", bat er mich und ich ging darauf ein. Um zwölf Uhr rief ich ihn erneut an. Wieder vertröstete er mich auf 13 Uhr. Und als ich um 13:20 Uhr immer noch keine positive Nachricht erhalten hatte, musste ich meine Entscheidung fällen. Ich musste meinen Trainer enttäuschen und teilte ihm mit, dass ich den Verein wechseln würde.

Alles richtig gemacht

„Vielen Dank fürs Warten. Ich kann verstehen, dass du gehst. Aber es ist echt schade. Es ist wirklich nur noch eine Frage von Minuten." Ich bedankte mich für die gute Zusammenarbeit und legte auf. Nun mussten wir schnell die Verantwortlichen des neuen Vereins kontaktieren. Es kam mir komisch vor, dass sie sich noch nicht gemeldet hatten. Hatten sie dem anderen Spieler vielleicht schon den Vorzug gegeben?

„Ich rufe den Trainer an, du den Sportdirektor!", sagte ich zu meinem Berater. Wir zückten unsere Handys und wählten gerade die Nummern, als es plötzlich bei jedem von uns klingelte. Ich war überrascht. Auch mein Berater schaute etwas ungläubig zu mir herüber. Bei mir rief in diesem Moment der Trainer an und bei ihm der Sportdirektor. Gemeinsam erklärten wir die Verspätung und sagten für die nächste Saison zu. In diesem Moment fiel eine große Last von meinen Schultern. Tatsächlich hatte ich mit meiner Loyalität einiges riskiert.

Mein Berater glaubte, dass es nicht normal wäre, was da gerade passiert war. Mir wurde in diesem Moment bewusst, dass Gott seine Hand im Spiel gehabt hatte und meine Entscheidung zu wechseln unterstützte.

„Siehst du, es gibt doch einen Gott", sagte ich zu ihm, „und dieser Gott hat einen Plan." Im Laufe des Tages stellte sich heraus, dass der mögliche Hauptsponsor in letzter Minute abgesprungen war. Auch mein Trainer verließ kurze Zeit danach den Club. Wir packten nun auch die zweite Hälfte unseres Hausrats zusammen und bezogen eine Wohnung in der Nähe meiner neuen Wirkungsstätte[6].

Vereine:

Social Lux

Argentinos De Rosario

Newell's Old Boys

CSD Colo Colo

Club Aurora

Club Atlético Aldosevi

San Martin de Mendoza

SC Pfullendorf

FC Erzgebirge Aue

SV Sandhausen

SpVgg Unterhaching

Erfolge:

2012 Aufstieg in die 2. Bundesliga

mehr als 380 Profi-Pflichtspiele

[6] Aalen

Mein Spielerberater
steht mir bei wichtigen Entscheidungen zur Seite. Außerdem frage ich
meine Frau, deren Meinung mir sehr wichtig
ist. Aber es gibt noch jemanden, den ich bei großen
und kleinen Entscheidungen um Rat bitten möchte. In
der Bibel wird er als wunderbarer Ratgeber bezeichnet.
Manchmal empfiehlt er mir Dinge, die mir nicht gefallen
oder total unlogisch erscheinen. Doch ich habe festgestellt:
Einen besseren Berater als Jesus kann man als Fußballer nicht
finden. Stets nach seinem Plan für mein Leben zu fragen
und zu tun, was er mir rät – das ist mein Ziel.

TRANSFERMARKT IM FUSSBALL

Wechselfristen

Viele der in Deutschland aktiven Fußballer haben einen Vertrag mit ihrem Sportverein, der Details in der Zusammenarbeit regelt (Antritts- und Siegesprämien, Gehalt etc.). Ein Fußballer, der in einem solchen aktiven Vertragsverhältnis steht, darf nur in einem bestimmten Zeitraum zu einem anderen Verein wechseln. Für die weltweiten Profi-Ligen wird diese Wechselperiode bzw. dieses Transferfenster von der FIFA (Fédération Internationale de Football Association) festgelegt. Es handelt sich dabei um derzeit zwei Zeiträume: zwölf Wochen zwischen zwei Spielzeiten und vier Wochen zu Beginn der Rückrunde.

Die jeweils zuständigen nationalen Fußballverbände können diesen Zeitraum für ihren Geltungsbereich noch genauer eingrenzen. So haben sich in weiten Teilen der UEFA *(Union des Associations Européennes de Football)* der 1. Juli bis 31. August sowie 1. bis 31. Januar etabliert.

Ein Fußballer, der in keinem aktiven Vertragsverhältnis steht, kann im Allgemeinen sofort bei einem Verein als Spieler eingesetzt werden: Aufgrund von Personalmangel in der Abwehr verpflichtete Borussia Dortmund den vereinslosen Manuel Friedrich am 20.11.2013. Sein erstes Spiel für den BVB bestritt er bereits drei Tage später gegen den FC Bayern.

Ablösesummen

Soll ein Spieler vor Ablauf eines Vertrags zu einem anderen Verein wechseln, muss der neue Verein oftmals eine Ablösesumme für den Spieler an dessen ehemaligen Verein zahlen. Ein vertragsloser Spieler kann demnach ablösefrei zu einem neuen Verein wechseln.

Die Verletzung zwingt
Marcos Antonio bei den
Spielen seiner Mann-
schaft zum Zuschauen.

MARCOS ANTONIO

VERLETZUNG UND REHABILITATION

Der Trainer[1] war davon überzeugt, dass ich auf und neben dem Platz eine wichtige Rolle für den Verein spielen würde. Ich wurde den Anhängern des Vereins durch die Presse vorgestellt. Jetzt musste ich auch Interviews geben:

„Ich freue mich auf meine neuen Aufgaben im Verein. Es ehrt mich, für einen absoluten Traditionsverein[2] spielen zu dürfen. Diese Liga[3] ist eine der besten Ligen in Europa. Das wird eine tolle Herausforderung." So oder so ähnlich beantwortete ich die Fragen der Journalisten. Doch leider konnte ich meiner Mannschaft nur kurz helfen.

War aktiv für Rapid Bukarest

Verletzung im Training

Während eines Trainingsspiels abseits der Fernsehkameras spielten meine Fußballkollegen und ich fünf gegen fünf. Bei dieser Spielform ging es dann auch richtig zur Sache. Als ich den Ball in zentraler Position zugespielt bekam, spürte ich bei der Ballannahme, wie mich ein Gegenspieler von der Seite attackierte. Er versuchte den Ball zu erobern, wo-

[1] Dieter Hecking

[2] 1. FC Nürnberg

[3] 1. Bundesliga

bei sich unsere Knie unglücklich berührten. Ein stechender Schmerz sagte mir, dass mein rechtes Knie diesen Zweikampf nicht unbeschadet überstanden hatte. Ich versuchte noch mal kurz weiterzuspielen, merkte aber sofort, dass dieses Training für mich beendet war.

„Vielen Knieverletzungen folgt eine lange Leidenszeit", heißt es. Und obwohl ich mich bis dahin noch nie ernsthaft verletzt hatte, musste ich sofort an eine solche Zwangspause denken. Seit einem halben Jahr war ich jetzt im Training und hatte endlich eine gute Form erreicht, mit der ein Einsatz im nächsten Spiel berechtigt gewesen wäre, und nun so was. Ich humpelte vom Platz und wurde von einem unserer Physiotherapeuten in Empfang genommen.

„Was ist passiert? Wo tut es weh?", fragte er mich und ich versuchte, ihm das so gut wie möglich zu beantworten. Er nahm mich mit zu einer ersten Untersuchung und verordnete mir zunächst drei Tage Pause.

„Du musst dein Knie gut kühlen, damit die Schwellung zurückgeht", wies er mich an und reichte mir ein Kühlpack. In den nächsten Tagen versuchte er, die Schwellung durch verschiedene Behandlungen in den Griff zu bekommen. Nach zwei Tagen konnte ich schon wieder schmerzfrei gehen. „Das ist ja noch mal gut gegangen", glaubte ich und stellte mich gedanklich darauf

Marcos António
Abwehr

ein, übermorgen wieder ins Mannschaftstraining einzusteigen.

Wieder einsatzbereit?

Am dritten Tag begrüßte mich der Physiotherapeut zum Belastungstest im Kraftraum. Total optimistisch setzte ich mich auf eine der Kraftmaschinen und folgte seinen Anweisungen. Mein Knie schmerzte stark unter dieser Belastung.

„Was ist los?", fragte der Therapeut, der mein angespanntes Gesicht bemerkt hatte.

„Mein Knie tut immer noch weh!"

„Hm, dann müssen wir in der nächsten Woche weitersuchen, woran es liegen könnte."

Eine Woche wollte und konnte ich nicht mehr warten. Ich war skeptisch und beschloss, einen befreundeten Arzt um Rat zu fragen. Vielleicht würde er mir grünes Licht für das Mannschaftstraining geben. Doch auch er enttäuschte mich:

„Dein Gelenkknorpel ist kaputt. Natürlich kann ich dich fit spritzen, aber dann ist dein Knie in einem halben Jahr am Ende und du kannst deine Fußballschuhe an den Nagel hängen." Er sagte mir außerdem, dass eine Operation unumgänglich wäre und ich mich auf eine zwölfmonatige Zwangspause einstellen müsste.

Schlimmer als erwartet

Der Eingriff verlief gut. Es war nur nervig, dass ich anschließend acht Wochen mit Krücken unterwegs sein musste. Jeden Tag wurde ich acht Stunden behandelt. Ich hatte dafür extra eine programmierbare Maschine bei mir zu Hause, die mein Knie genau

Name: Marcos António

Geburtsdatum: 25.05.1983

Geburtsort:

Alagoinhas, Brasilien

Größe: 1,87 m

Nationalität: Brasilien

Fuß: rechts

Eigentlicher Name:

Marcos António Elias Santos

Aktueller Verein:

Johor Darul Takzim

im richtigen Tempo und Winkel bewegte. Dadurch hatte mein Knorpel ideale Bedingungen, um sich richtig zu erholen. Zwei Stunden morgens, zwei Stunden mittags und zwei Stunden abends, dazwischen zwei Stunden Physiotherapie. Danach durfte ich zwei Monate nur ganz vorsichtig belasten, und nach vier langen Monaten durfte ich endlich wieder ganz normal gehen. Doch das Lauf- und vor allen Dingen Ballverbot des Mannschaftsarztes hatten weiterhin Bestand.

Jetzt traf ich meine Kollegen wieder etwas regelmäßiger in der Kabine.

„Hey, wann bist du wieder im Mannschaftstraining dabei?", fragten mich manche.

Meine Antwort konnte nur lauten: „Ich weiß es nicht." Denn selbst die Fachleute konnten es nicht abschätzen, wann ich wieder voll einsatzbereit sein würde. Vorher einzusteigen, würde keinen Sinn machen.

„Mal ehrlich, ist es nicht besser, mit dem Fußball aufzuhören?"

„Nein, ich werde wieder fit und komme zurück! Auch wenn es ein langer Weg ist!", war stets meine Antwort auf solche Fragen der Journalisten. Wie weit allerdings dieser Weg tatsächlich war, merkte ich immer dann besonders, wenn ich im Fitnessraum des Vereins meine langweiligen Übungen machen musste. Die Oberlichter waren gekippt und ich hörte, wie die Kollegen mit vollem Einsatz bei der Sache sein durften. Es waren nur fünf Meter Luftlinie bis zum Rasen, doch ich fühlte mich so unendlich weit von der Außenlinie entfernt. So als könnte ich niemals dort ankommen.

Die schwersten Tage der Woche waren für mich im-

POSITION

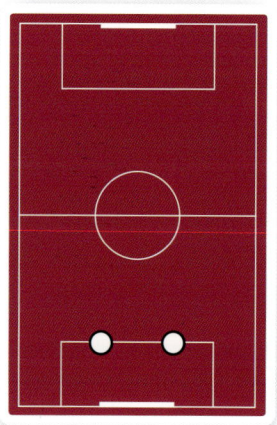

Innenverteidiger

mer die, an denen meine Mannschaft Spiele[4] bestreiten durfte. Freitags fuhren sie ins Hotel. Am Samstag folgte dann das Spiel vor Tausenden Zuschauern. Ich hätte so gerne mit um Punkte gekämpft. Doch ich war gezwungen, die Spiele bloß vor dem Fernseher oder auf der Tribüne zu verfolgen.

Endlich wieder auf dem Rasen

Weitere vier Monate später durfte ich endlich wieder den Rasen betreten. 30 Minuten leichter Lauf standen auf meinem Trainingsplan. Anfangs schmerzte das Knie noch, aber schon bald lief es wieder richtig rund. Es war toll, den Rasen wieder unter den Füßen zu spüren. Insgesamt acht Monate war ich nicht auf diesem Platz gewesen.

Plötzlich rollte ein Ball von der Trainingsfläche auf mich zu. Ich fixierte den Ball, holte aus und wollte ihn gerade zurückspielen, als ich mich wieder an mein kaputtes Knie erinnerte. Nur die kleinste Unüberlegtheit könnte dazu führen, dass ich wieder komplett von vorne beginnen müsste, hatte der Doc gesagt. Also nahm ich den Ball auf und rollte ihn zurück zu meinen Kollegen.

„Bald knall ich dich wieder aufs Tor", sagte ich und setzte meinen Lauf langsam, aber total motiviert fort. Tag für Tag wurde es mit meinem Knie besser. Der Arzt erlaubte mir früher als erwartet, nämlich schon in einem Monat, ins Mannschaftstraining einzusteigen. Nun begann ich die Tage zu zählen.

Vereine:
SC Corinthians Alagoano
FC Porto
Académica Coimbra
Gil Vicente FC
União Leiria
AJ Auxerre
PAOK Thessaloniki
CF Belenenses Lissabon
Rapid Bukarest
1. FC Nürnberg

Erfolge:
2011 bester ausländischer Spieler in Rumänien
2011 bester Verteidiger in Rumänien
Mehr als 190 Profi-Pflichtspiele

[4] Saison 2013/2014

Auf die Frage „Was bedeutet dir Fußball?" würden viele meiner Kollegen antworten: „Fußball ist mein Leben!" Ich persönlich habe festgestellt, dass das Ende meiner Karriere als Fußballprofi nur eine schwere Verletzung weit entfernt ist. Fußball ist nicht „mein Leben". Dieser Sport kann mir nämlich keinen wirklichen Halt geben. Sicheren Halt habe ich allein in Jesus gefunden. Und deshalb möchte ich auch als ein Spieler bekannt sein, der deswegen hart arbeitet und diszipliniert ist, weil er versucht, Jesus von ganzem Herzen nachzufolgen.

DIE PECH-REGEL

Natürlich kann sich auch der beste Sportler verletzen. Schnelle Hilfe – nicht nur beim Fußball – bringt die PECH-Regel. Probier es aus!

Pause

Bei einer Verletzung sollte man sofort reagieren, indem man auf weitere Belastung des betroffenen Körperteils verzichtet.

Eis

Wird die betroffene Stelle gleich mit einem Eisbeutel oder Kühlpack gekühlt, schwillt sie nicht so stark an und schmerzt dann auch weniger. Allerdings sollte man einen Eispack nie auf die nackte Haut legen, weil es sonst zu Verletzungen durch extreme Kälte kommen kann!

Compression

Direkt nach der Kühlung sollte ein Kompressionsverband, also eine Bandage oder sogar eine Schiene angelegt werden. Das ist z. B. wichtig, wenn man mit dem Fuß umgeknickt ist und sich dadurch eine Bänderdehnung oder einen Bänderriss zugezogen hat. Die Schiene stabilisiert und entlastet dann die Bänder.

Hochlagern

Damit die Schwellungen und die damit verbundenen Schmerzen abklingen können, ist es wichtig, das verletze Körperteil hochzulegen. Zudem wird der Rückfluss des Blutes und der Schwellflüssigkeit erleichtert.

Grundsätzlich sollte bei Verletzungen ein Arzt aufgesucht werden.
Übrigens: In englischsprachigen Ländern heißt diese Regel „RICE"
(auf deutsch: Reis), was für Rest, Ice, Compression, Elevation steht.

Alex Costa jubelt mit seinen Kollegen.
Er hat den PSV Eindhoven ins Viertelfinale
der Champions League geköpft.

ALEX COSTA

CHAMPIONS LEAGUE

Überraschend schnell hatte ich es geschafft, in meiner Mannschaft[1] Fuß zu fassen, und wurde zu dem Hoffnungsträger, den sich die Verantwortlichen bei meiner Verpflichtung gewünscht hatten. Der Trainer[2] war bald von mir überzeugt, und so wurde ich zum Teil seiner Stammelf. Gewöhnlich stand ich von Beginn an auf dem Platz und verließ ihn erst nach 90 Minuten wieder. Dadurch konnte ich auch die Fans schnell von mir begeistern.

Durch das meist gute Abschneiden in der Liga war mein Verein häufig Teilnehmer der Champions League. In der Vorsaison[3] hatte sich die Mannschaft Platz zwei erspielt, wodurch auch ich nun Champions League Luft schnuppern durfte. Die erfahrenen Spieler schwärmten von der besonderen Atmosphäre:

„Stell dir vor, du spielst gegen die besten Mannschaften in überwältigenden Stadien und stehst vor einer unvergleichlichen Kulisse auf dem Platz, um dich mit den besten Spielern der Welt zu messen. Was gibt es Besseres?" Ein Schauer lief mir über den Rücken und ich sehnte mich danach selbst auf dem Feld zu stehen und die Champions-Hymne zu hören.

[1] PSV Eindhoven

[2] Guus Hiddink

[3] Saison 2003/2004

Alex Costa
Abwehr

Aus Fehlern lernt man

Einen Monat später war es so weit: Wir standen in einer der berühmtesten Fußballarenen der Welt[4] nebeneinander. Die Hymne sorgte zusammen mit dem Flutlicht für eine besondere Atmosphäre. Überall im ganzen Stadion war das Logo zu sehen – genau das, welches extra auf unseren Trikots angebracht worden war.

In der 42. Minute erzielte ich das entscheidende 1:0. Da wir aber auswärts spielten, war dieses Tor kein Grund zum Jubeln. Irgendwie sprang mir der Ball im Fünfmeterraum ganz blöd an den Fuß und von dort in unser eigenes Tor.

Das Trikot, das ich in diesem Spiel trug, wurde zum ersten in meiner Sammlung. Von nun an behielt ich immer das Getragene und tauschte das Ersatztrikot in den Katakomben mit einem meiner Gegenspieler. Trotz dieser Auftaktniederlage[5] überstanden wir zum ersten Mal in der Vereinsgeschichte die Gruppenphase. So konnte ich weitere Trikots in meine Sammlung aufnehmen, in denen ich Siege errungen und Tore erzielt hatte. Erst im Halbfinale[6] schieden wir durch ein Gegentor in der 90. Minute aus dem Turnier aus.

In der Liga hatten wir aber unsere Hausaufgaben gemacht und wurden Meister[7]. Der Kern der Mannschaft blieb zusammen und so wollten wir es auf

[4] Arsenal Stadium
38 500 Zuschauer

[5] 14.09.2004
FC Arsenal London – 1
PSV Eindhoven – 0

[6] 1. HF – 26.04.2005
AC Mailand – 2
PSV Eindhoven – 0
2. HF – 04.05.2005
PSV Eindhoven – 3
AC Mailand – 1

[7] Saison 2004/2005

europäischer Ebene besser machen als in der Vor-saison. Doch schon im Achtelfinale[8] war dieses Mal Endstation. Wir hatten dennoch etwas zu feiern. Der erneut deutliche Meistertitel tröstete uns ein wenig über das Ergebnis in der Königsklasse hinweg. Wir würden also in der kommenden Saison wieder international spielen.

Drei Siege und ein Unentschieden reichten, um ins Achtelfinale vorzustoßen. Mit Spannung verfolgten wir die Auslosung im Fernsehen und jeder von uns hoffte auf einen einfachen Gegner. Unser Trainer, der vor Ort war, verzog keine Miene, als klar wurde, dass wir gegen den Finalisten[9] des Vorjahres antreten würden. Ein schweres Los. Es war genau die Mannschaft, gegen die ich auch mein erstes Champions-League-Spiel bestritten und ins eigene Tor getroffen hatte. Einige meiner Mitspieler erinnerten sich mit mir zusammen an diese Begegnung.
Der ganze Verein war in heller Aufregung, als bekannt wurde, dass es zu diesem Spitzenspiel kommen würde. Unser Stadion[10] war erwartungsgemäß voll besetzt. Wir feierten einen knappen 1:0-Sieg[11] und waren zufrieden. Wir hatten uns einen kleinen Vorteil für das Rückspiel erkämpft, den es jetzt zu verteidigen galt.

Ein besonderes Spiel

Der Gegner machte vor heimischer Kulisse[12] mächtig Druck. Auch wir hatten unsere Chancen, doch immer wieder kamen sie gefährlich zum Abschluss. Mit gemischten Gefühlen betraten wir die Kabine zur Halbzeit. Wir waren froh, den kleinen Vorsprung in die Pause gerettet zu haben, ärgerten uns aber über die verpassten Chancen. Der Trainer[13] ermutigte uns:

Name: Alex Costa

Geburtsdatum: 17.06.1982

Geburtsort:
Niterói, Brasilien

Größe: 1,88 m

Nationalität: Brasilien

Fuß: rechts

Eigentlicher Name:
Alex Rodrigo Dias da Costa

Aktueller Verein:
AC Mailand

[8] 1. AF – 21.02.2006
PSV Eindhoven – 0
Olympique Lyon – 1
2. AF – 08.03.2006
Olympique Lyon – 4
PSV Eindhoven – 0

[9] FC Arsenal London

[10] Philips-Stadion
35 000 Zuschauer

[11] 1. AF - 20.02.2007
PSV Eindhoven – 1
FC Arsenal London – 0

[12] Emirates Stadium
60 000 Zuschauer

[13] Ronald Koeman

[14] Jefferson Farfán
Heurelho Gomes
Phillip Cocu

„Jungs, mit dem Ergebnis werden wir hier ins Viertelfinale einziehen. Die müssen erst mal ein Tor schießen. Aber wenn sie treffen, wird es hier ganz schwer, zurückzukommen. Deswegen spielen wir weiter nach vorne! Wenn wir ein Tor schießen, brauchen sie drei."

Wie vermutet, erhöhte sich der Druck und so kam es in der 56. Minute zu einer Ecke. Eigentlich sollte es eine sichere Beute für unseren Torhüter sein, doch er segelte am Ball vorbei. Ich stand an der gleichen Stelle auf dem Feld und es geschah dasselbe wie in meinem ersten Champions-League-Spiel. Der Ball fiel mir auf den Fuß und lag kurz darauf im falschen Tor. Die Schadenfreude der gegnerischen Fans schlug mir mit voller Wucht entgegen. Ich fühlte mich, als hätte ich unseren Vorsprung einfach so verschenkt. Als einer der Führungsspieler hätte ich nun eigentlich die Aufgabe gehabt, meine Mannschaft wieder aufzubauen. „Kommt schon! Weiter geht's! Es ist noch nichts verloren!" Diese Worte blieben mir aber im Hals stecken.

Wir waren in den vergangenen Jahren zu einer Familie zusammengewachsen. Meine Brüder[14] bauten mich nun wieder auf. Es dauerte nicht lange, und mein Kopf war wieder oben. Wir gaben nicht auf und kämpften gemeinsam weiter um jeden Zentimeter Rasen. Es gab einige Schocksekunden zu überstehen. Einmal kratzte unser Torwart einen Freistoß aus dem Winkel. Sieben Minuten vor Schluss, während eines Zweikampfes nahe der gegnerischen Eckfahne, ertönte plötzlich ein Pfiff des Unparteiischen. Freistoß für uns!

POSITION

Innenverteidiger

Perfektes Zusammenspiel

Das war unsere Chance. Die Stimmung war aufgeladen. Egal, wer nun treffen würde, dieses Tor würde das Spiel entscheiden. Unser Freistoßschütze[15] zeigte an, dass er den Ball auf den kurzen Pfosten ziehen wollte, also sprintete ich als kopfballstarker Spieler dort hin. Der Ball kam genau so, wie es geplant war. In vollem Lauf schraubte ich mich in die Luft, höher als alle anderen, und drückte die Kugel aus kurzer Distanz unhaltbar über die Linie.

In diesem Moment löste sich die Anspannung. Ich rannte an die Bande und schrie meine Freude den mitgereisten Fans entgegen. Meine Mitstreiter freuten sich mit mir.

„Weiter konzentriert bleiben. Genauso weiterspielen! Jetzt nicht nachlassen!", rief ich meinen Kollegen zu. Wenige Minuten später ertönte der Schlusspfiff. Jetzt gab es kein Halten mehr. Wir rissen die Arme nach oben. Die Ersatzspieler und Betreuer stürmten den Platz. Nur noch unsere Fans waren zu hören. Sie hatten einen großen Anteil an diesem Erfolg[16]. Entgegen meiner Gewohnheit zog ich das schweißnasse Trikot aus und warf es dankbar in die Kurve.

Wie Helden wurden wir am nächsten Tag in unserer Heimat empfangen – so als hätten wir den Titel geholt. Wir schrieben unzählige Autogramme und genossen das Bad in der Menge. „Du bist der Beste" stand auf einem Schild. Gemeint war ich.

Im nächsten Ligaspiel[17] verletzte ich mich und musste kurz vor der Halbzeit ausgewechselt werden. Die Ärzte sagten, dass ich mindestens vier Wochen ausfallen würde. Mir war also klar, dass ich die Viertelfinal-Begegnungen nicht würde bestreiten

Vereine:

FC Santos

PSV Eindhoven

FC Chelsea

Paris Saint-Germain FC

Erfolge:

2005, 2006, 2007
Niederländischer Meister

2005 Niederl. Pokalsieger

2007 Copa-America-Sieger

2009, 2010 Engl. Pokalsieger

2010 Englischer Meister

2013, 2014
Französischer Meister

8 Spiele / 2 Tore
für Brasilien (U23)

mehr als 350
Profi-Pflichtspiele
davon 13 Spiele für Brasilien

[15] Édison Méndez

[16] 2. AF – 07.03.2007
FC Arsenal London – 1
PSV Eindhoven – 1

[17] 11.03.2007
Excelsior Rotterdam – 0
PSV Eindhoven – 0

18 1. VF – 03.04.2007

PSV Eindhoven – 0

FC Liverpool – 3

2. VF – 11.04.2007

FC Liverpool – 1

PSV Eindhoven – 0

können. Es war ärgerlich, hatten wir als Mannschaft doch so viel investiert. Wir verloren beide Spiele[18] und schieden aus.

Die Begeisterung für Champions League Spiele ist immer noch da. Aber ich muss mir immer häufiger bewusst machen, dass es ein großes Vorrecht ist, diese Hymne als Spieler auf dem Feld zu hören. Auch in meiner Beziehung zu Jesus besteht die Gefahr, dass ich es als selbstverständlich erachte, eine Verbindung zum allmächtigen Gott zu haben. Ich kämpfe dafür, diese erste Leidenschaft immer wieder neu zu erleben. Kämpfst du mit?

DIE FINANZEN DER CHAMPIONS LEAGUE

UEFA Prämien 2013/2014

Jeder nationale Meister, der nicht die
Gruppenphase der Champions League erreicht: 200.000 EUR
Alle Klubs, die in der 1. Qualifikationsrunde ausscheiden: 150.000 EUR
Alle Klubs, die in der 2. Qualifikationsrunde ausscheiden: 175.000 EUR
Alle Klubs, die in der 3. Qualifikationsrunde ausscheiden: 200.000 EUR

Gruppenphase

Jeder teilnehmende Verein: 8.600.000 EUR
Siegprämie pro Gruppenspiel: 1.000.000 EUR (6x)
Bei Unentschieden: 500.000 EUR
Bei Einzug ins Achtelfinale: 3.500.000 EUR

KO-Runde (ab Achtelfinale)

Bei Einzug ins Viertelfinale: 3.900.000 EUR
Bei Einzug ins Halbfinale: 4.900.000 EUR

Finale

Verlierer: 6.500.000 EUR
Sieger: 10.500.000 EUR

GESAMTBETRAG,
den man bestenfalls
gewinnen kann:

37.400.000 EUR

UEFA Superpokal 2013
(Gewinner Champions League gegen
Gewinner Europa League):
Sieger: 3.000.000 EUR
Verlierer: 2.200.000 EUR

Für jedes Heim- und Auswärtsspiel ab der Gruppenphase gibt es außerdem noch einen Anteil aus dem Topf für die TV-Übertragungsrechte. Dieser Topf betrug in der Saison 2013/2014 409,6 Millionen EUR. Von diesen 409,6 Millionen EUR gehen 75 % durch die Vergabe von Medienrechten an die Vereine. Wie viel jeder Verein bekommt bestimmt sich danach, wie hoch die Fernseheinnahmen in dem jeweiligen Land waren und welchen Anteil daran der jeweilige Verein hat. Die restlichen 25 % bleiben bei der UEFA zur Deckung von Organisations- und Verwaltungskosten sowie für Zahlungen an Verbände, Vereine und Ligen.

Für die Saison 2013/2014 stehen insgesamt 1,285 Mrd. EUR für UEFA Champions League und UEFA Superpokal zur Verfügung.

Quelle (12.02.2014): www.uefa.com

Zé Roberto bei einem seiner ersten Spiele im Trikot der Seleção.

ZÉ ROBERTO

NOMINIERUNG NATIONALMANNSCHAFT

Immer wenn die Nationalmannschaft[1] spielte, waren die Straßen wie leer gefegt. Auch ich gehörte zu denen, die vor dem Fernseher saßen und von ihrem genialen Spiel schwärmten. Im letzten Jahr waren sie Weltmeister[2] geworden. Als dann der entscheidende Elfmeter[3] des Gegners beim Elfmeterschießen über die Latte flog, feierte ich diese Mannschaft, obwohl ich selbst Fußballprofi war, wie ein ganz normaler Fan.

Obwohl ich in der Liga[4] Stammspieler war und regelmäßig gute Leistungen brachte, machte ich mir keine ernsthaften Gedanken darüber, einmal für die Nationalmannschaft nominiert zu werden. Ich träumte davon, aber diese Spieler waren für mich Helden. Mit ihnen zusammen auf dem Spielfeld zu stehen, hielt ich für unrealistisch.

Montags startete wie gewöhnlich die Trainingswoche[5] und ich holte alles aus mir raus. Ich war völlig ausgepumpt, als der Trainer am Ende auf mich zukam.

„Ich habe eine Überraschung für dich", sagte er. „Heute Morgen hat der Co-Trainer[6] der National-

[1] Brasilien, Seleção

[2] 17.07.1994
Brasilien – 3
Italien – 2
(im Elfmeter-Schießen)

[3] Roberto Baggio

[4] Série A, Brasilien

[5] Saison 1994/1995

[6] Zico – der weiße Pelé

mannschaft bei mir angerufen. Er möchte, dass du mit auf die Asienreise[7] gehst."

Ein Traum wird wahr

Zwei Freundschaftsspiele standen auf dem Programm und schon in einer Woche sollten sich alle Nominierten am Flughafen einfinden. Ich konnte in diesem Moment gar nichts sagen. Es war einfach nicht zu glauben. Ich erzählte meiner Familie davon. Meine Mutter und meine Brüder waren völlig aus dem Häuschen.

„Ich wusste, dass du es schaffst!", jubelte meine Mutter, die mich zwar immer gefordert, aber auch gefördert hatte.

„Bring auf jeden Fall das Trikot mit nach Hause!", sagten meine Brüder und wurden darin von meiner Mutter bestärkt. Erst als es in den Zeitungen zu lesen war, begriff ich so langsam, dass es tatsächlich stimmte. Ich ging die veröffentlichte Liste durch und stellte fest, dass neben all den Superstars[8] auch andere Jüngere[9] dabei sein würden. An diesen Spielern wollte ich mich orientieren.

Die restliche Trainingswoche konnte nun gar nicht schnell genug vorbeigehen. Mein Körper funktionierte, doch gedanklich war ich ab und zu schon bei der Nationalmannschaft.

„Werde ich meine Chance nutzen und den National-

Zé Roberto
Mittelfeld

[7] Japan und Südkorea
[8] u.a. Zinho, Dunga
[9] Dida, Sávio

trainer[10] von mir überzeugen können? Werde ich überhaupt zum Einsatz kommen?", fragte ich mich.

Damit Trainingsanzug, Stutzen und Trikot auch richtig sitzen, hatte der Zeugwart des Nationalteams schon Kontakt zu den Mitarbeitern unseres Clubs[11] aufgenommen. Je näher der Zeitpunkt rückte, umso nervöser wurde ich. Ich war froh, als ich nach einer viel zu langen Woche endlich in diesem kleinen Raum des Flughafens[12] saß, in dem wir uns als Nationalteam treffen sollten, um dann gemeinsam in Richtung Flugsteig zu gehen.

Die Frage, wie man seinen Helden wohl begegnet, drängte sich mir plötzlich auf. Nach einem Autogramm fragen würde ich sie sicher nicht. Doch letztlich war alles ganz ungezwungen und jeder begrüßte jeden. Schon bald wurden wir abgeholt und bestiegen als VIPs den Flieger.

Wie geplant hielt ich mich zu den Jüngeren und saß für die nächsten 24 Stunden neben einem von ihnen. Ich schlief die meiste Zeit des Fluges oder tat zumindest so. Zu groß war mein Respekt vor den WM-Helden. Wenn ich mit jemandem sprach, dann nur mit meinem Sitznachbarn[13].

Wir waren nun 24 Flugstunden von zu Hause entfernt und landeten in einer völlig fremden Kultur. Als wir jedoch aus dem Flugzeug stiegen, schwenkten die Fans unsere Nationalflaggen und wir unterschrieben auf den Trikots in unserer Landesfarbe. Ich war beeindruckt, wie viele Fans unsere Nationalmannschaft im Ausland hatte. Dieser Eindruck sollte sich in den nächsten Tagen noch verstärken.

Name: Zé Roberto

Geburtsdatum: 06.07.1974

Geburtsort:
São Paulo, Brasilien

Größe: 1,75 m

Nationalität:
Brasilien, Deutschland

Fuß: links

Eigentlicher Name:
José Roberto da Silva Júnior

Aktueller Verein:
Grêmio Porto Alegre

[10] Mário Zagallo
[11] Portuguesa São Paulo
[12] Rio de Janeiro
[13] Sávio

14 09.08.1995
Japan – 1
Brasilien – 5

Willkommen im Team

Mit einem Bus fuhren wir ins Hotel. Am späten Nachmittag sollte das erste Training stattfinden. Weil ich
dabei fit sein wollte, schlief ich mich erst einmal richtig aus. Es war eine lockere Einheit. Wir liefen uns die
Müdigkeit aus den Beinen und arbeiteten mit dem
Ball. Ich war zufrieden mit mir, war aber auch nicht
sonderlich aufgefallen.

Beim Abendessen waren aber dann die Augen der
ganzen Mannschaft auf mich gerichtet. Der Trainer
saß in der ersten Reihe, als ich mich, so wie es für die
neuen Spieler üblich war, kurz vorstellte. Meine Rede
fiel aufgrund der Aufregung sehr kurz aus. Ich erklärte nur, für welchen Verein ich spielte und dass für
mich ein Traum in Erfüllung gehe, mit solch großen
Persönlichkeiten auf einem Feld zu stehen. „Ich freue
mich, hier zu sein!", so endete meine Rede und der
Applaus erlaubte es mir, wieder Platz zu nehmen.

Ich fieberte auf den Moment hin, an dem ich mir
endlich das Trikot der Nationalmannschaft über-
streifen würde. Nach zwei weiteren Trainingstagen
war es dann so weit. Wir betraten die Katakomben des Stadions und da lag es schon fein säuber-
lich zusammengelegt auf meinem Platz. Es war ein
besonderer Moment, die Fußballschuhe für mein
Land schnüren zu dürfen. Ich genoss die nächsten
drei Stunden in diesem Trikot: die Nationalhymne,
die vielen Fans, die, obwohl sie aus diesem anderen Teil der Welt stammten, mit T-Shirts, Schals und
Fahnen von uns ausgerüstet waren und unser Team
lautstark unterstützten. Ich genoss auch das Spiel[14],
obwohl ich nicht eine Minute zum Einsatz kam, und
freute mich für meinen Sitznachbarn im Flugzeug,
der sein erstes Tor erzielte.

POSITION

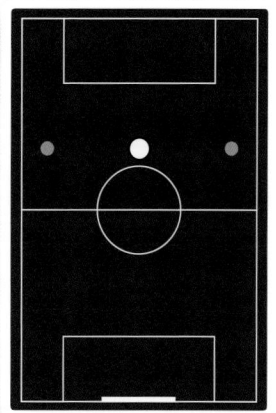

Offensives Mittelfeld
Nebenposition:
Linksaußen
Rechtsaußen

Das Trikot für meine Familie zu sichern, war kein Problem. Ich verschwand nach Abpfiff ziemlich bald in der Kabine. Alle anderen kamen ohne ihre eigenen, dafür aber mit dem Trikot eines Gegenspielers zurück.

Der erste Länderspieleinsatz

Drei Tage später spielten wir das zweite und letzte Spiel[15] unserer Auslandsreise. Dieses Mal mussten andere auf der Bank Platz nehmen und ich kam zu meinem ersten Länderspiel-Einsatz. Es war ein tolles Gefühl, einer von elf zu sein. Wir gewannen knapp. Nach dem Abpfiff war nun auch mein Trikot von großem Interesse. Ein Gegenspieler fragte mich ohne Worte, aber mit großen Gesten, ob er mein Trikot haben dürfte. Zu seiner Überraschung winkte ich ab. Er dachte, ich hätte ihn nicht verstanden, und hakte nach, worauf ich ihm in meiner eigenen Sprache antwortete: „Nein, das ist nicht möglich!" Warum ich nicht tauschen wollte, konnte ich ihm natürlich nicht erzählen. Etwas verärgert ging er dann weg. Ich war mittlerweile der einzige in meiner Mannschaft, der noch sein Trikot anhatte, und so sprachen mich noch einige Spieler auf dem Weg zur Kabine an. Jedoch ohne Erfolg. Dieses Trikot würde ich mit nach Hause bringen, so wie ich es versprochen hatte.

Wenige Tage später war diese besondere Reise für mich vorbei. Wir landeten wieder in der Heimat und ich wurde von allen Verwandten und Bekannten sofort gefragt, wie es war. Ich erzählte gerne davon, und das Trikot diente auch mir selbst als wichtiges Beweisstück dafür, dass das alles auch wirklich passiert war.

Vereine:

Portuguesa São Paulo
Real Madrid
Flamengo Rio de Janeiro
Bayer 04 Leverkusen
FC Bayern München
Nacional Montevideo
FC Santos
Hamburger SV
Al-Gharafa Sports Club
Grêmio Porto Alegre

Erfolge:

1998 Champions-League Sieger

2003, 2005, 2006, 2008 Deutscher Meister

2003, 2005, 2006, 2008 Deutscher Pokalsieger

2005 FIFA-Confederations-Cup-Sieger

Mehr als 610 Profi-Pflichtspiele,
davon 30 Spiele /
4 Tore für Brasilien

[15] 12.08.1995
Südkorea – 0
Brasilien – 1

Ich habe größten
Respekt vor meiner Mutter, die uns
alleine erziehen und ernähren musste. Sie
hat mich oft zum Training geschickt, obwohl ich gar
nicht wollte. Sie hat mir beigebracht, Respekt vor meinen
Trainern zu haben, gerade dann, wenn sie Dinge fordern, die
mir nicht passen. Ich habe auch großen Respekt vor Gott. Ich
würde sogar sagen, dass ich ihn fürchte. Er hat für mich mehr Au-
torität als der berühmteste Trainer. Die Entscheidungen, die er trifft,
möchte ich nicht anzweifeln, sondern das tun, was er sagt. Angst
vor Gott zu haben, ist nicht gut. Ihm aber mit dem größtmög-
lichen Respekt zu begegnen, das ist absolut notwendig.

DIE ZEHN TEUERSTEN SPIELER

Name	Ablöse-summe*	Land	Erstes Spiel in der Nationalmannschaft	Alter beim ersten Spiel
Cristiano Ronaldo	94 Mio.	Portugal	20. August 2003	18
Gareth Bale	91 Mio.	Wales	27. Mai 2006	16
Zinédine Zidane	73,5 Mio.	Frankreich	17. August 1994	22
Zlatan Ibrahimović	69,5 Mio.	Schweden	31. Januar 2001	19
Kaká	65 Mio.	Brasilien	31. Januar 2002	19
Edinson Cavani	64,5 Mio.	Uruguay	06. Februar 2008	20
Radamel Falcao	60 Mio.	Kolumbien	08. Februar 2007	20
Luís Figo	60 Mio.	Portugal	16. Oktober 1991	18
Fernando Torres	58,5 Mio.	Spanien	06. September 2003	19
Neymar	57,1 Mio.	Brasilien	11. August 2010	18

Quelle (6.6.2014): www.transfermarkt.de   * in Euro

Der zweite Titel der Saison ist perfekt. David Alaba feiert den Gewinn der Champions League.

DAVID ALABA

TITELGEWINN

Seit Jahren hegte mein Verein den Traum, die Meisterschaft zu holen, den Landespokal zu gewinnen und in der Champions League zu siegen. Kurz gesagt: das Triple! In der letzten Saison hatte es fast geklappt. Aber eben nur fast. Die eigene Mannschaft am Ende einer harten Saison[1] immer nur an zweiter Stelle zu sehen, macht absolut keinen Spaß. „In der nächsten Saison schnappt uns keiner die Titel weg!", schworen wir uns und peilten dieses große Ziel erneut an.

Nach einer Verletzung[2] konnte ich erst am achten Spieltag ins Geschehen eingreifen und meldete mich mit einer Torvorlage zurück. Seit Beginn der Saison standen wir an der Tabellenspitze und zusammen verteidigten wir diese bis zum Ende der Saison[3]. Schon am 28. Spieltag durften wir uns über den ersten Titel der Spielzeit freuen.

„Wir sind deutscher Meister!" Mit so einer klaren Entscheidung in Sachen Meisterschaft hatte vorher keiner gerechnet. Wir waren euphorisch, doch unser erfahrener Trainer[4] mahnte uns zur Besonnenheit:

„Männer, denkt an das wichtige Spiel am Mitt-

[1] Saison 2011/2012

[2] Ermüdungsbruch im linken Fuß

[3] Saison 2012/2013

[4] Jupp Heynckes

[5] 2. VF – 10.04.2013
Juventus Turin – 0
FC Bayern München – 2

[6] HF DFB-Pokal – 16.04.2013
FC Bayern München – 6
VfL Wolfsburg – 1

[7] 1. HF – 23.04.2013
FC Bayern München – 4
FC Barcelona – 0

woch. Da geht's um den Einzug ins Champions League Halbfinale."

Deshalb feierten wir den Meistertitel etwas verhaltener. Jeder wusste, dass die kleinste Unachtsamkeit zum Aus in der Königsklasse führen könnte. Wir waren hoch konzentriert und siegten überzeugend[5].

Das Halbfinale war erreicht, doch durchatmen konnten wir auch jetzt nicht. Bei aller Begeisterung für die Champions League galt es noch, dem dritten Wettbewerb Beachtung zu schenken. Das Halbfinale des Pokals stand an. Ein Sieg war also Pflicht, um weiter vom Triple träumen zu dürfen. Unsere Mannschaft funktionierte wie ein Uhrwerk. Auch dieser Gegner bereitete uns wenig Mühe und wir gewannen das Spiel[6]. Damit wahrten wir die Chance aufs Double. Doch dieses Jahr wollten wir alle mehr.

Im Halbfinale der Champions League wartete die Truppe auf uns, die bis zu diesem Zeitpunkt als beste Mannschaft der Welt[7] betitelt wurde. „An diesem Abend muss ich 100 Prozent geben", das wusste ich. Jeder in der Mannschaft und im Verein fieberte diesem vorgezogenen Finale entgegen. Wir spielten das vielleicht beste Spiel der Saison. 4:0 gewannen wir im Heimspiel unangefochten. Viele Fans vermuteten nun einen Spaziergang im Rückspiel, doch unser Trainer warnte uns:

David Alaba
Abwehr

„Im Stadion wird die Luft brennen. Diese Mannschaft hat genügend Qualität, um ein solches Ergebnis zu drehen. Wir müssen weiter hellwach sein!" In der ersten Halbzeit passierte nicht viel, doch Anfang der zweiten Hälfte hatte ich auf Höhe der Mittellinie ausreichend Platz. Ich sah meinen Mitspieler[8], der auf der rechten Außenbahn frei, und im Vollsprint unterwegs war. Also spielte ich einen Flugball von meiner linken Seite, diagonal rüber zu ihm. Ich merkte, dass es ein guter Ball war. Ich schaute ihm nach und sah, wie er von meinem Kollegen gekonnt und ohne Tempoverlust angenommen wurde. Dann ging alles ganz schnell. Eine Körpertäuschung, ein Schuss und schon schlug der Ball im oberen, linken Eck des Tores ein. Dieses Gegentor wollte unser Gegner vermeiden. Doch nun mussten sie aufmachen. Wir konterten geschickt und so fielen zwei weitere Tore[9]. Endstand 0:3.

Nun waren wir tatsächlich in beiden Finalspielen vertreten. Nur noch zwei Siege trennten uns vom Triple, dem größten Erfolg der Clubgeschichte. Uns erwarteten Spiele gegen Mannschaften, die sich genau wie wir gegen harte Konkurrenz durchgesetzt hatten und diese Titel für sich beanspruchten.

Das große Finale

Im Finale der Champions League wartete unser härtester Ligakonkurrent[10]. Auch sie hatten sich gegen eine Supermannschaft[11] überzeugend ins Finale gespielt. Die Stimmung im eigenen Land war bis zum Sieden aufgeheizt.

„Dieses Spiel werden Millionen[12] von Menschen am Fernseher verfolgen", dieser Gedanke kam mir

Name: David Alaba

Geburtsdatum: 24.06.1992

Geburtsort:
Wien, Österreich

Größe: 1,80 m

Nationalität: Österreich

Fuß: links

Spitzname: Alabasi

Aktueller Verein:
FC Bayern München

Vereine:
SV Aspern
FK Austria Wien
TSG 1899 Hoffenheim

[8] 0:1 Arjen Robben

[9] 0:2 Gerade Piqué (ET)
0:3 Thomas Müller

[10] Borussia Dortmund

[11] Real Madrid

[12] 21,6 Mio. (Deutschland)
360 Mio. (weltweit)

[13] 0:1 Mario Mandžukić

[14] 1:1 İlkay Gündoğan (FE)

[15] 1:2 Arjen Robben

[16] Finale – 25.05.2013

Borussia Dortmund – 1

FC Bayern München – 2

Wembley Stadion (London)

POSITION

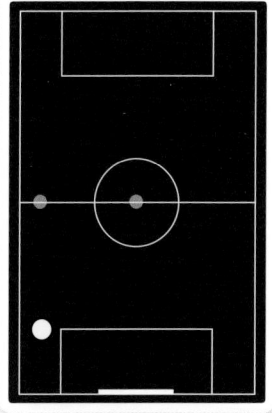

Linker Verteidiger
Nebenposition:
Zentrales Mittelfeld
Linkes Mittelfeld

jetzt in den Sinn. „Wenn ich eine wichtige Botschaft an die Fußballwelt richten will, dann ist das der richtige Moment." Als Kind vor dem Fernseher hatte ich manche Fußballer gesehen, die eine ihnen wichtige Botschaft auf weißen T-Shirts in die Welt trugen. Nun war ich in derselben, vielleicht einmaligen Situation. Ich überlegte, was ich auf mein Shirt drucken sollte. Der Slogan „Meine Kraft liegt in Jesus!" war das Ergebnis. Unter unseren eng anliegenden Trikots konnte ich es nicht tragen, also ließ ich das Shirt in der Kabine und beschloss, es nach dem Spiel zu holen.

Es entwickelte sich ein spannendes Duell mit Chancen auf beiden Seiten und einem 0:0 nach 45 Minuten. In der zweiten Hälfte fielen dann aber die Tore. In der 60. Minute[13] durften wir uns freuen, doch zehn Minuten später war das Spiel nach einem Gegentreffer[14] wieder völlig offen. In den letzten 20 Minuten hätte jeder gewinnen können, doch schließlich durften wir in der 89. Minute[15] unsere Hände in die Höhe strecken. In den noch verbleibenden fünf Minuten mobilisierte unser Gegner noch einmal alle Kräfte. Ohne Erfolg.

Bilder für die Ewigkeit

Der Abpfiff[16] löste grenzenlosen Jubel aus. Wir tobten über den Platz, bis wir schließlich zur Siegerehrung antreten durften. Dieser Weg darauf, wenn man den Pokal von unten sieht, ist ein unglaublicher Moment, den man nicht so schnell vergisst. Uns wurde der Henkelpott überreicht und auch ich stemmte das Ding so weit wie möglich nach oben. Ich genoss diesen Augenblick für mich persönlich. Und doch wusste ich, dass in diesem Moment Bilder entstanden, die gerade um die ganze Welt gingen und morgen in allen Zeitungen zu sehen sein würden.

Mir fiel mein Shirt ein, das immer noch in der Kabine lag. Die Kollegen feierten schon wieder auf dem Rasen, als ich mich zügig auf den Weg in die Katakomben machte. Ein Betreuer stoppte mich:

„Wenn du jetzt runtergehst, kommst du nicht mehr raus", sagte er.

Ich schaute ihn fragend an.

„Du bist für die Dopingprobe ausgelost worden", erklärte er.

Ich sagte ihm genau, wo er das T-Shirt finden würde. Er beeilte sich und einige Augenblicke später war er zurück. So konnte ich mein Trikot gegen das T-Shirt tauschen. Es war ein gutes Gefühl, diese Botschaft beim offiziellen Siegerbild auf der Brust zu tragen und sie den Kameras zu präsentieren.

„Ich kann es noch gar nicht fassen, einfach der Wahnsinn!", antwortete ich den wartenden Reportern.

Die Dopingprobe dauerte länger, was mir Zeit gab zu begreifen, was gerade geschehen war. Ich hatte etwas erreicht, worauf viele Profis vergeblich warten.

Die berühmt-berüchtigte Kabinenfeier erlebte ich nicht und meine Mannschaftskollegen feierten schon alle im Bus, als ich endlich zu ihnen stieß. Der Trainer gab uns die Erlaubnis, heute die Sau rauszulassen. Er erinnerte uns aber auch daran, dass unser Weg hier noch nicht zu Ende sei:

„Wir wollen in die Hauptstadt und dort das Pokalendspiel[17] gewinnen."

Wir stimmten lauthals zu. In sechs Tagen würde das Projekt „Triple-Sieg" weitergehen und bis dahin mussten wir uns regenerieren und noch ein letztes Mal vorbereiten.

Es lohnte sich, bis zum letzten Spiel konzentriert

Erfolge:

2010, 2013, 2014
Deutscher Meister

2010, 2013, 2014
Deutscher Pokalsieger

2010, 2012
DFL-Superpokalsieger

2013 UEFA Champions-
League Sieger

2011, 2012, 2013
Fußballer des
Jahres Österreich

2013 UEFA-Supercup-Sieger

2013 Sportler des
Jahres Österreich

2014 FIFA-Club-Weltmeister

7 Spiele/1 Tor für
Österreich (U19/U21)

mehr als 270 Profi-
Pflichtspiele
davon 56 Spiele/11 Tore
für Österreich

[17] Finale DFB-Pokal
01.06.2013
FC Bayern München – 3
VfB Stuttgart – 2
(Olympiastadion Berlin)

18 Marienplatz in München

zu bleiben. Nach einem souveränen Start machten wir es am Ende noch mal spannend. Doch nach 90 Minuten wurde der Name meines Clubs in den Sockel des Pokals eingraviert.

Das Triple war perfekt und eine unglaubliche Saison endete mit den erhofften drei Trophäen auf dem Rathausbalkon[18], wo wir sie den Tausenden wartenden Fans präsentieren durften.

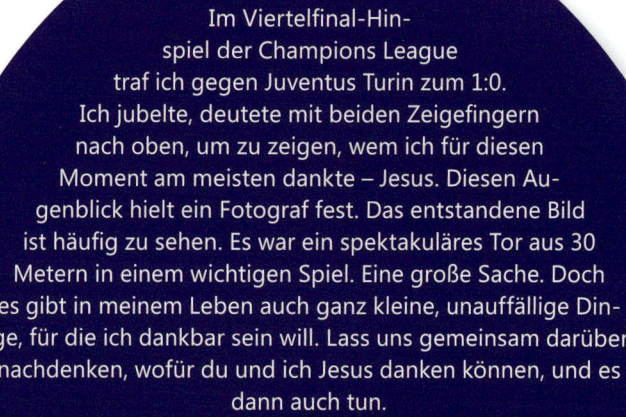

Im Viertelfinal-Hinspiel der Champions League traf ich gegen Juventus Turin zum 1:0. Ich jubelte, deutete mit beiden Zeigefingern nach oben, um zu zeigen, wem ich für diesen Moment am meisten dankte – Jesus. Diesen Augenblick hielt ein Fotograf fest. Das entstandene Bild ist häufig zu sehen. Es war ein spektakuläres Tor aus 30 Metern in einem wichtigen Spiel. Eine große Sache. Doch es gibt in meinem Leben auch ganz kleine, unauffällige Dinge, für die ich dankbar sein will. Lass uns gemeinsam darüber nachdenken, wofür du und ich Jesus danken können, und es dann auch tun.

DAS KLEINE UND DAS GROSSE TRIPLE

Das Wort Triple kommt aus dem Englischen und bedeutet so viel wie „dreifach". Im Sport wird ein dreifacher Erfolg innerhalb eines bestimmten Zeitraums als Triple bezeichnet. Beim Fußball gibt es auf europäischer Ebene das kleine Triple und das große Triple.

Kleines Triple: Ein Verein gewinnt die nationale Meisterschaft, den nationalen Pokal und die UEFA Europa League.

1981/82 **IFK Göteborg** Schweden Fotbollsallsvenskan Svenska Cupen UEFA-Pokal	1999/00 **Galatasaray Istanbul** Türkei 1. Lig Türkiye Kupası UEFA-Pokal	2002/03 **FC Porto** Portugal Primeira Liga Taça de Portugal UEFA-Pokal
2004/05 **ZSKA Moskau** Russland Premjer-Liga Кубок России UEFA-Pokal	2010/11 **FC Porto** Portugal Primeira Liga Taça de Portugal UEFA Europa League	1966/67 **Celtic Glasgow** Schottland Scottish Football League Scottish FA Cup Europapokal d. Landesmeister
1971/72 **Ajax Amsterdam** Niederlande Eredivisie KNVB-Pokal Europapokal d. Landesmeister	1987/88 **PSV Eindhoven** Niederlande Eredivisie KNVB-Pokal Europapokal d. Landesmeister	1998/99 **Manchester United** England Premier League FA Cup UEFA Champions League
2008/09 **FC Barcelona** Spanien Primera División Copa del Rey UEFA Champions League	2009/10 **Inter Mailand** Italien Serie A Coppa Italia UEFA Champions League	2012/13 **FC Bayern München** Deutschland Bundesliga DFB-Pokal UEFA Champions League

Großes Triple: Ein Verein gewinnt die nationale Meisterschaft, den nationalen Pokal und die UEFA Champions League.

Mineiro wird im Trainingslager vom brasilia-
nischen Superstar Ronaldinho begrüßt.

MINEIRO

NOMINIERUNG WELTMEISTERSCHAFT

An diesem Tag fieberte das ganze Land auf die Vorstellung des Weltmeisterschaftskaders hin. Der Trainer[1] würde gegen zehn Uhr vor die Kameras treten, um bekannt zu geben, wer bei der anstehenden Weltmeisterschaft[2] dabei sein würde. Ich gehörte bereits dem erweiterten Kader der Nationalmannschaft[3] an. Wenn ich die Chance hatte, bei einem solchen Turnier mit dabei zu sein, dann war sie jetzt gekommen. Meine Freunde machten mir Hoffnung:

„Der Trainer kann nicht auf dich verzichten. Wen sollte er dir denn vorziehen? Du bist der Beste auf dieser Position."

Ich fühlte mich von diesem Zuspruch geschmeichelt. Aber ob es wirklich dazu kommen würde, hing allein von der Entscheidung des Nationaltrainers ab.

Um 9:55 Uhr suchten alle meine Freunde einen Platz vor dem Fernseher. Keiner wollte die Bekanntgabe meines Namens verpassen. Ich wusste, dass diese Nachricht sowieso innerhalb von Minuten auf irgendeinem Weg bei mir eintreffen würde. Also packte ich wie gewohnt meine Sachen und verabschiedete mich in Richtung Training[4]. Schon kurze

War aktiv für Schalke 04

[1] Carlos Alberto Parreira

[2] 2006 in Deutschland

[3] Brasilien Seleção,

[4] FC São Paulo

5 Weggis, Schweiz
6 Série A - Brasilien
7 Fluminense FC

Zeit später wusste jeder im ganzen Land darüber Bescheid, wer zu den 23 Hoffnungsträgern einer ganzen Nation gehörte.

Eine herbe Enttäuschung

Mineiro
Mittelfeld

Ich war nicht dabei. Das war ein harter Schlag. Mit 31 Jahren war ich in der besten Form meines Lebens. Es war für mich fast die erste und auch letzte Chance, bei einer Weltmeisterschaft dabei zu sein. Ich hatte dafür gekämpft, doch der Trainer entschied sich für einen anderen Spieler. Ich versuchte, mich durch die Trainings im Verein abzulenken. Doch der Abflug des Teams ins Trainingslager[5], die tägliche Berichterstattung vom Trainingsplatz, die Interviews und vor allen Dingen die große Begeisterung in der Bevölkerung drängten sich mir auf und erinnerten mich immer wieder an diese verpasste Gelegenheit.

Zum Glück stand in der Liga[6] ein wichtiges Spiel an. Es ging um die Eroberung der Tabellenspitze, weshalb ich meine ganze Konzentration nun darauf richten musste. Wir bezogen am Freitag mit unserer Mannschaft das Hotel, um uns dort auf das Spiel gegen unseren größten Ligakonkurrenten[7] vorzubereiten. Am nächsten Morgen wachte ich auf und ging in

Richtung Frühstücksraum. „Zuerst mal einen Kaffee zum Wachwerden", dachte ich. Während ich mir eine Tasse eingoss, klopfte mir ein Mitspieler auf die Schulter.

„Glückwunsch", sagte er und ging weiter. Ich hatte keine Ahnung, wozu er mir gratulierte.

„Kann ich mich zu euch setzen?", fragte ich meine Teamkollegen. Sie schauten von ihren Tellern auf und grinsten mich an, als wüssten sie mehr als ich:

„Du weißt noch gar nichts, oder? Du wurdest zur WM nachnominiert. Herzlichen Glückwunsch! Du hast es dir verdient."

Name: Mineiro

Geburtsdatum: 02.08.1975

Geburtsort:
Porto Alegre, Brasilien

Größe: 1,69 m

Nationalität: Brasilien

Fuß: rechts

Eigentlicher Name:
Carlos Luciano da Silva

Aktueller Verein:
Karriere-Ende

Die große Überraschung

Ich konnte es nicht glauben und hielt es für einen schlechten Scherz, bis der Pressesprecher mich zu sich rief und mir die Hintergründe erklärte. Der Starspieler[8] auf meiner Position hatte sich im Trainingslager das rechte Knie so sehr verletzt, dass er die Turniervorbereitung beenden musste. Nun rückte der Ersatzspieler nach und so wurde für mich ein Platz auf der Bank frei. Der Pressesprecher zeigte mir das Fax, das erst vor ein paar Stunden eingegangen war, und sagte:

„Der Verband möchte, dass du so bald wie möglich ins Trainingslager kommst!"

Die nächste Möglichkeit wäre schon in ein paar Stunden gewesen. Ich wollte meine Frau anrufen, um ihr alles zu erklären. Da bemerkte ich, dass ich bereits viele Anrufe meiner Freunde und auch meiner Frau verpasst hatte. Mit unzähligen Nachrichten gratulierten sie mit zur Nachnominierung. „Schatz, bitte sage niemandem etwas davon, aber ich wurde ..."

[8] Edmílson

[9] Muricy Ramalho

„Zu spät", unterbrach sie mich lachend. „Ein Radiosender hat mich über Telefon live interviewt. Es ist kein Geheimnis mehr! Jeder im ganzen Land weiß, dass du zur WM fährst."

Weiter fragte sie, was aus dem Spiel heute Abend würde. Ob ich noch auflaufen oder heute noch fliegen würde. Ich hatte darauf nichts als eine Alibi-Antwort: „Das muss der Trainer entscheiden!", sagte ich ihr.

Im Vorfeld unseres Ligaspieles musste sich eben dieser Trainer[9] wie gewohnt den Fragen der Presse stellen. Das einzige Thema war: Spielt er oder fliegt er zum Nationalteam? Auch er hatte keine Antwort und verwies auf mich: „Das muss der Spieler selbst entscheiden."

Der Ball lag also wieder bei mir. Ich entschied mich, meine Mannschaft im Kampf um die Tabellenspitze zu unterstützen. Keiner außer mir, der Mannschaft und dem Trainer wusste davon, sodass es für Fans und Presse eine große Überraschung war, als ich die Mannschaft als Kapitän aus dem Spielertunnel herausführte.

POSITION

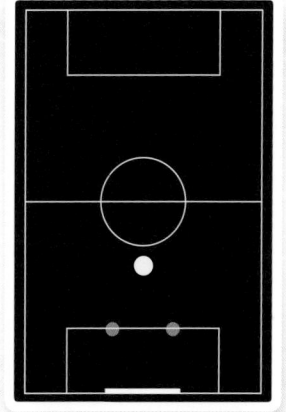

Mit der Spielführerbinde honorierte der Trainer an diesem Abend meinen Entschluss zu bleiben. Wir siegten. Sowohl Freunde als auch die Presse meinten, dass es wohl das bis dahin beste Spiel meiner Karriere gewesen sei. Ich hatte das Gefühl, alles richtig gemacht zu haben, und dass es die richtige Entscheidung war, meiner Mannschaft die Treue zu halten. Ihr hatte ich meine Nominierung schließlich auch mit zu verdanken.

Defensives Mittelfeld
Nebenposition:
Innenverteidiger

Kurze Turniervorbereitung

Wenige Stunden nach Abpfiff saß ich im Flieger. Trotz der Aufregung konnte ich gut schlafen. Am Zielflughafen[10] wurde ich bereits vom Betreuerteam erwartet. Sie brachten mich direkt ins Mannschaftshotel.

„Die Ausstattung in deiner Größe bekommst du morgen", entschuldigten sich die Betreuer.

In meinem Hotelzimmer war die viel zu große Trainingskleidung meines Vorgängers bereitgelegt. Gerne hätte ich persönlich mit ihm gesprochen, doch leider kreuzten sich unsere Wege vor seiner Abreise nicht mehr. Seine Enttäuschung konnte ich aber einem Fernseh-Interview deutlich entnehmen:

„Ich bin wie betäubt. Es schmerzt, weil ich so viel gegeben habe, um dabei zu sein."

Ich beschloss, alles zu tun, um diesen großen Verlust für meine Mannschaft auszugleichen. Als ich den Platz betrat, staunte ich nicht schlecht. Tausende Fans waren gekommen, um der Mannschaft beim Training zuzuschauen. Nicht nur das eigens für uns errichtete Stadion[11] war voll besetzt, sondern auch auf den Hügeln, die das Stadion umgaben, saßen die Zuschauer. Ich selbst wurde kurz begrüßt und machte mich dann auf meine Reise rund um den Platz. Zuerst musste ich meine Müdigkeit von dem intensiven Spiel und dem langen Flug aus den Beinen laufen. Nur fünf Tage sollten mir bleiben, um mich auf die Weltmeisterschaft vorzubereiten.

Dann ging es auch für uns ab ins Turnierhotel. Wir hatten viele Stars[12] und erfahrene Spieler in der Mannschaft und trotzdem, ja vielleicht genau deswegen, verlief vieles nicht so, wie es sich die Fans

Vereine:

Rio Branco Esporte Clube

Guarani Futebol Clube

AA Ponte Preta

AD São Caetano

FC São Paulo

Hertha BSC

FC Chelsea

FC Schalke 04

TuS Koblenz

Erfolge:

2004, 2005 Sieger Staatsmeisterschaft São Paulo

2005 Sieger Copa Libertadores (Südamerika)

2005 FIFA-Club-Weltmeister

2006 Brasilianischer Meister

2006 WM-Teilnehmer

2007 Copa-América-Sieger

2009 FA-Cup-Sieger

2010 Deutscher Vizemeister

342 Profi-Pflichtspiele davon 27 Spiele für Brasilien

[10] Zürich

[11] 4000 Sitzplätze

[12] Ronaldinho, Ronaldo, Roberto Carlos, Kaká

in der Heimat und natürlich auch wir uns vorgestellt hatten. Für unsere Fans war alles andere als der Titelgewinn eine Enttäuschung. Allerdings war das Turnier für uns schon nach dem Viertelfinale[11] beendet. Normalerweise schafften wir es als Nationalmannschaft immer, die Sorgen der Leute zu betäuben. Doch dieses Mal hatte das nicht geklappt und die Enttäuschung eines ganzen Landes schlug uns bei der Ankunft entgegen.

Eine Fußballkarriere ist eine Berg-und-Talfahrt. Manchmal folgt dem größten Erfolg die deftigste Niederlage. Der Sieg des einen ist zugleich die Niederlage eines anderen Spielers. Auch ich habe mir schon oft die Frage gestellt: „Warum, Gott?" Doch ich habe in all den Höhen und Tiefen meiner Karriere gelernt, dass Gott gut und vertrauenswürdig bleibt. Sogar wenn ich gerade enttäuscht oder verletzt bin. Auch wenn mein Leben chaotisch verläuft, hat Gott doch immer die Kontrolle und wird mit mir an sein gutes Ziel kommen.

Gott ist treu!

Mineiro

WELTMEISTERTRIKOTS

„So sehen Sieger aus. Scha-la-la-la-la ..."

1950: Uruguay   1954: Deutschland   1958: Brasilien   1962: Brasilien

1966: England   1970: Brasilien   1974: Deutschland   1978: Argentinien

1982: Italien   1986: Argentinien   1990: Deutschland   1994: Brasilien

1998: Frankreich   2002: Brasilien   2006: Italien   2010: Spanien

Linvoy Primus betritt bei seinem Abschiedsspiel den Rasen. Beide Mannschaften begrüßen ihn.

LINVOY PRIMUS

KARRIERE-ENDE

Seit sieben Spielzeiten[1] spielte ich nun schon für meinen Verein[2]. Ich gehörte zum Inventar des Clubs, weshalb ich die Fans nicht mehr von mir überzeugen musste. Wohl aber die Trainer. Von Jahr zu Jahr wurde es schwerer, sich gegen die jungen, talentierten und auch teuren Zukäufe durchzusetzen, doch ich schaffte es immer wieder. In der vergangenen Saison[3] war ich als Stammspieler gesetzt und spielte, wann immer ich fit war, von Anfang an. Zudem waren wir als Mannschaft erfolgreicher als je zuvor. Der ganze Verein fieberte der nächsten Saison entgegen.

Ich nutzte die trainingsfreie Zeit für eine routinemäßige Operation am Knie. Der Heilungsverlauf war jedoch schlechter als geplant und plötzlich stand meine Karriere auf dem Spiel. Ich reiste sofort in die USA, um dort einen Arzt[4] zu treffen, der schon echten Superstars[5] die Karriere gerettet hatte. Seine ernüchternde Diagnose lautete:

„An einer weiteren Operation führt kein Weg vorbei. Tut mir leid, aber du wirst diese Saison nicht mehr auf dem Platz stehen können." Die Freude war vergangen. Meine Kollegen kämpften um Punkte

War akiv für Portsmouth FC

[1] seit Saison 2000/2001
[2] Portsmouth FC
[3] Saison 2006/2007
[4] Dr. Richard Steadman
[5] Alan Shearer, Ronaldo

[6] FA-Cup-Sieg, UEFA-Cup-Qualifikation

[7] Saison 2008/2009

[8] Charlton Athletic F.C.

[9] Harry Redknapp

[10] Tony Adams

[11] Paul Hart

[12] 35 Jahre

[13] 18.05.2009
FC Portsmouth – 3
AFC Sunderland – 1

[14] Fratten Park
21.100 Zuschauer

und spielten die erfolgreichste Saison der Vereinsgeschichte[6]. Ich kämpfte für mein Comeback und war nach ziemlich genau einem Jahr endlich wieder einsatzbereit.

Ich war froh bis zum Winter[7] bei einem Zweitligisten[8] Spielpraxis sammeln zu können: Doch während meiner Abwesenheit veränderte sich einiges. Der Trainer[9], der meine Qualitäten kannte, wechselte zu einem größeren Verein. Erst übernahm sein Assistent[10] die Mannschaft. Und nachdem ich im Winter zurückkam, wurde uns ein neuer Trainer[11] vorgestellt. Ich gab wie immer mein Bestes. Doch als ältester Spieler[12] war ich für seine Planungen uninteressant. Die Saison neigte sich dem Ende zu und bis jetzt war ich für kein einziges Ligaspiel nominiert worden. Das Ende meiner Fußballkarriere hatte ich mir irgendwie anders vorgestellt.

Die Fans schienen ebenso zu denken. Von Spiel zu Spiel forderten mehr Anhänger meine Rückkehr in den Kader. Und tatsächlich – für das letzte Heimspiel[13] der Saison war ich nominiert. Die Fans freuten sich, mich endlich wieder zu sehen und begrüßten mich lautstark, als ich unter Flutlicht mit der Mannschaft aus den Katakomben des Stadions[14] heraustrat. Es fühlte sich gut an, wieder Teil des Teams zu sein und ich war mit der Rolle des Ersatzspielers zufrieden.

Linvoy Primus
Abwehr

Das Comeback

In der 88. Minute hatten wir den Sack mit dem Tor zum 3:1 zugemacht. Die Siegesfeier war schon in vollem Gange, als der Trainer das Stadion mit einer kleinen Geste zum Kochen brachte. Als er mich in der 90. Minute einwechselte, schrien die Fans meinen Namen so laut, dass mich der Trainer der gegnerischen Mannschaft verstört anschaute. Meine Mitspieler brachten mich mit ein paar Pässen ins Spiel. Doch als sie merkten, dass bei jeder meiner Ballberührungen mein Name gerufen wurde, bekam ich mehr Bälle als üblich zugespielt. Es war einfach der pure Wahnsinn!

Der Abpfiff ertönte. Weil es das letzte Heimspiel war, drehten wir eine Ehrenrunde, um mit den Fans abzuklatschen. Doch es fühlte sich nicht wie ein Abschied an, sondern als würde mich jeder Einzelne willkommen heißen. Ich wollte unbedingt noch eine zehnte Saison dranhängen, um für den Verein und diese unglaublichen Fans zu spielen. Tatsächlich bekam ich einen Vertrag als Spieler und Mentor angeboten.

Nach der Sommerpause[15] fuhr ich mit ins Trainingslager[16]. Ich freute mich auf meinen Einsatz. Doch als ich wieder wegen Knieproblemen bei unserem Mannschaftsarzt saß, schien sich alles zu wiederholen. Die Diagnose der Ärzte war niederschmetternd: „Knorpelschaden". Aber die Empfehlung des Arztes nach der Operation lautete dieses Mal:

„Du solltest besser mit dem Fußball aufhören. Wenn du weiterspielst, wirst du den Rest deines Lebens mit einem kaputten Knie leben müssen."

Ich war immer ein Kämpfer gewesen und ich hät-

Name: Linvoy Primus

Geburtsdatum: 14.09.1973

Geburtsort:
London, England

Größe: 1,80 m

Nationalität: England

Fuß: rechts

Spitzname:
Mr Portsmouth

Aktueller Verein:
Karriere-Ende

[15] Saison 2009/2010

[16] Dubai

[17] 08.12.2009

[18] Peter Storrie

[19] 31.07.2010
FC Portsmouth – 1
FC Fulham – 0

te auch dieses Mal weitergemacht, wenn mir der Arzt das Kämpfen nicht verboten hätte. Während meiner Reha hatte ich genügend Zeit, nachzudenken und mit Gott über diesen Schritt zu sprechen. Ich dachte manchmal, dass das Beste bereits hinter mir lag. Doch Gott versicherte mir, dass das Beste noch kommen würde. Ich war gespannt.

Ein schöner Abschied

Im Dezember[17] gab ich mein Karriere-Ende bekannt. Auch der Präsident[18] kam zu Wort:

„Er war ein großartiger Diener dieses Vereins. Jeder im Verein und in dieser Stadt liebt ihn." Eine unbewusste große Last fiel mir von den Schultern, als ich meinen endgültigen Rücktritt bekannt gab. Wenig später traf diese Nachricht auch bei den Fans ein. Sie waren empört darüber, dass ich nach zehn Jahren ohne Abschiedsspiel von der Bildfläche verschwinden sollte. Natürlich hatte ich mir so etwas immer gewünscht und war froh, dass es nun von Fanseite für mich gefordert wurde. Auch die Vereinsführung stimmte zu und so gingen wir gemeinsam an die Planungen. Das Testspiel gegen einen Erstligisten[19] würde zum Abschiedsspiel für mich werden.

Dann war es so weit. Bei tollem Wetter feierte ich mit Familie, Freunden und Fans ein großes Fest. Klar, ich war der Gastgeber, aber trotzdem war es ungewohnt, dass sich an diesem Tag alles um mich drehte. Auf dem Programmheft war ein Porträt von mir abgebildet und innen wurde etwas übertrieben von meinen Heldentaten berichtet. Ich schüttelte viele Hände und begrüßte alte Weggefährten. Viel zu spät traf ich daher in der Kabine ein, wo ich dennoch mit Applaus begrüßt wurde. Viel entspannter, ohne ir-

POSITION

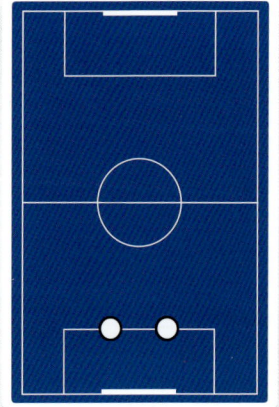

Innenverteidiger

gendeine Taktik im Kopf, bereitete ich mich vor. Bald würde mein letztes Spiel beginnen und es fühlte sich richtig an. Beide Mannschaften bildeten eine Gasse, als ich gemeinsam mit meinen Kindern den Platz betrat. Ich drehte mich zur Tribüne um und bemerkte, dass jeder im Stadion aufgestanden war. Ich wollte ihnen doch Danke sagen und nun bedankten sich meine Fans bei mir.

Das Beste kommt noch

Kurz darauf begann das Spiel. 20 Minuten vor der Halbzeit wechselte der Trainer mich unter dem Applaus der Zuschauer ein und ich durfte noch einmal für 15 Minuten Teil einer Profimannschaft sein. Es war ganz anders als vor einem Jahr, als ich lautstark gefeiert wurde. Während ich auf dem Platz war, herrschte eine fast andächtige Stille. Erst bei meiner Auswechslung brandete der Applaus noch mal auf.

In der Halbzeit richtete ich ein paar Worte an meine Gäste: „Auch wenn ich eine großartige Karriere als Fußballer hinter mir habe, weiß ich, dass das Beste noch auf mich wartet."

Jeder im Verein wusste von meinem Glauben und ich hatte keine Scheu zu erzählen, dass Gott gute Pläne für jeden bereithält und dass jeder eingeladen ist, so wie ich, frohen Mutes in die Zukunft zu schauen.

Das Beste kam tatsächlich noch. Mir wurde eine große Ehre zuteil: Ein Fanblock im Stadion wurde nach mir benannt[20] und zwei Wochen später waren die Banden mit den Worten „Glauben + Fußball"[21] unter dem Stadiondach angebracht. Das Kreuz als verbindendes Symbol dieser beiden Begriffe hatte seit diesem Moment einen festen Platz in diesem Stadion.

Vereine:
Charlton Athletic,
FC Barnet,
FC Reading,
FC Portsmouth

Erfolge:
2003 Aufstieg in die Premier League mit dem FC Portsmouth

2003 Fan's Player of the Club (FC Portsmouth)

2003 Fan's Player of the League (First Devision)

2012 Fackelträger für die Olympischen Spiele in London

178 Profi-Pflichtspiele

[20] Linvoy Primus Community Stand
[21] Faith † Football

Als der Präsident
mich am Ende meiner Karriere als
„Diener" bezeichnete, empfand ich das
als großes Kompliment. Ich stand für zehn Jahre
im Dienst dieser Mannschaft, war aber als Christ
auch immer ein Diener Gottes. Glauben + Fußball – geht
das überhaupt? Ich machte den Test und stellte fest, dass
es funktionierte. Trotz und wegen meiner Fehler konnte ich
einen Unterschied machen. Als Belohnung für diesen Einsatz ein
Kreuz ins Stadion gehängt zu bekommen, war toll. Ich wünsche
mir, dass durch dieses Symbol Spieler, Trainer und Fans auf Jesus
aufmerksam werden und ihr Spiel und Leben ändern.

EIN BESONDERER SCHLUSSPUNKT

Mit einem sogenannten Abschiedsspiel beendet ein Spieler offiziell seine Karriere. In Deutschland gibt es hierfür Richtlinien, die der DFB aufgestellt hat. Ein offizielles Abschiedsspiel muss zum Beispiel beantragt und vom DFB genehmigt werden. Dafür sind Faktoren wie die Dauer der Vereinszugehörigkeit, die Anzahl der Spiele für den Verein oder die Nationalmannschaft von Interesse. Am Ende bleibt es aber selbst bei Beachtung sämtlicher Richtlinien dem DFB überlassen, ob er die Genehmigung für das Abschiedsspiel tatsächlich erteilt.

Quelle (Stand:04.02.2014):
www.dfb.de/fileadmine/user_upload/06_Durchfuehrungsbestimmungen_01.pdf.

Als Spielertrainer dirigiert Oliver Pagé
die neu zusammengestellte Mannschaft
des CSV Stuttgart.

OLIVER PAGÉ

TRAINERAUSBILDUNG

Wenn man einmal Profifußballer war und sich das Leben tagtäglich um diesen Sport gedreht hat, dann bleibt man dem Fußball irgendwie immer treu. Auch ich kickte weiterhin mit Freunden und verfolgte interessiert, wie meine ehemaligen Trainer und Mannschaftskameraden in der Liga unterwegs waren.

Von einer Fußballtruppe, die nur auf Hobbyturnieren spielte, wurde ich dann gefragt, ob ich sie nicht mal trainieren könnte. Ich sagte zu und ziemlich bald kam uns die Idee, eine richtige Mannschaft zu gründen. Auch wenn es nicht nur Schulterklopfer, sondern auch Kritik zu verzeichnen gab, feierten wir die Vereinsgründung und meldeten die Mannschaft an. Der regelmäßige Trainingsbetrieb konnte beginnen. Wir strebten den direkten Aufstieg an und ich als ehemaliger Profi sollte der Spielertrainer sein. In der untersten Klasse fingen wir an. Doch wir hatten den verrückten Traum, mit dieser Mannschaft einmal Profifußball zu spielen.

War aktiv für
Sportfreunde Siegen.

Erste Erfahrungen als Trainer

Nun war ich als Trainer dafür verantwortlich, dass meine Mannschaft genügend Punkte für den Aufstieg sammelte. Der erste Gegner machte uns mächtig zu schaffen. In den nächsten Spielen machten wir aber dann eine gute Figur, sodass wir tatsächlich oben mit dabei waren und Zweiter wurden. Den Aufstieg schafften wir zwar erst in der zweiten Spielzeit[1], aber wir waren noch im Plan.

„Sag mal, hast du denn keine Lust, mal einen Trainerschein zu machen?", fragte mich unverhofft einer der Verantwortlichen. Ich verstand nicht so recht.

„Warum?", fragte ich zurück. „Ich hab doch als ehemaliger Profi genug Erfahrung."

Viele meiner Ligakollegen hatten diesen C-Trainerschein in der Tasche und hatten das Nachsehen gehabt.

„Ich denke darüber nach", versprach ich ihm. Da es sehr günstig war und sicher auch nicht schaden würde, saß ich tatsächlich bald mit anderen angehenden Trainern in einem Seminarraum und hörte mir Vorträge über „die Grundlagen des Fußballtrainings" an.

Schon in der ersten Einheit lernte ich Dinge, die ich bisher noch nie gehört hatte.

Oliver Pagé
Trainer

Ich wusste zwar, wie man Fußball spielt, hatte aber keine Ahnung, wie man Fußball richtig beibringt. Das, was wir lernten, probierten wir auf dem Platz aus, und das, was auf dem Platz geschah, diente im Unterricht als Beispiel.

Um den Trainerschein[2] zu erhalten, musste jeder von uns eine Trainingseinheit vorbereiten und anleiten. Vor der Ausbildung genügte mir dafür die Autofahrt zum Training. Doch mit all dem Wissen im Hinterkopf, bereitete ich mich auf diese Lehrprobe ganze zwei Tage lang intensiv vor. Mündliche Prüfung, Klausur, Lehrprobe, geschafft!

Das nächste Mal würde ich als richtiger Trainer vor meiner Mannschaft stehen. Von nun an konnte ich das Training viel professioneller aufziehen. Nicht nur an dem neuen Trainingsmaterial bemerkten meine Spieler den Unterschied. Wir spielten eine überragende nächste Saison und gewannen nach dem vielbeachteten Aufstieg erneut die Liga. Der Durchmarsch[3] war perfekt.

Schwerer als gedacht

Zuerst lief alles ganz normal weiter. Ich machte mir keine Gedanken darüber, mich als Trainer fortzubilden. Ein Umzug sowie das Angebot, eine höherklassige Mannschaft[4] zu trainieren, änderten dann meine Meinung. Ich wurde nun sogar für meine Trainertätigkeit bezahlt, wodurch die Ansprüche an mein Training natürlich stiegen. Ich informierte mich und stellte fest, dass ich durch meine Profikarriere, die Trainingserfahrung und die gute Abschlussnote die wichtigsten Voraussetzungen für die Teilnahme am nächsten Trainerlehrgang[5] erfüllte.

Also reichte ich alle benötigten Unterlagen ein.

Name: Oliver Pagé

Geburtsdatum: 10.04.1971

Geburtsort:
Montabaur, Deutschland

Größe: 1,91 m

Nationalität: Deutschland

Fuß: rechts

Position:
DFB-Auslandsexperte

Spitzname: Coach

[2] DFB-C-Lizenz
[3] Saison 2001/2002 Aufstieg in die Bezirksliga Stuttgart
[4] VfL Hamm/Sieg
[5] DFB-B-Lizenz

⁶ DFB-Fußballlehrer-Lizenz
⁷ DFB-A-Lizenz

Ich wurde angenommen. Dieser Ausbildungsteil hatte es allerdings in sich. Sportlich war alles noch im Rahmen, doch theoretisch wurde uns ganz schön auf den Zahn gefühlt. Ich hatte das Gefühl, dass die Prüfer einfach alles über Fußball wissen wollten.

„Was ist ein Doppelpass?", lautete die scheinbar einfache Frage eines Prüfers bei der mündlichen Prüfung. Ich gab ihm auch eine einfache Antwort. Die Reaktion des Prüfers zeigte, dass er mit dieser Antwort nicht zufrieden war.

„Ist das alles?", fragte er mürrisch. Schnell legte ich nach und sagte ihm alles, was ich über den Doppelpass wusste. Seine Gesichtszüge entspannten sich allmählich und er ließ mich bestehen. Das war knapp! Jetzt musste ich noch die schriftliche und praktische Prüfung bestehen. Auch das schaffte ich. Meine Gesamtnote war gut und ich hatte das Gefühl, eine große Hürde genommen zu haben.

Große Pläne

POSITION

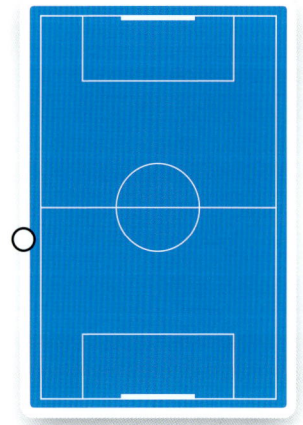

Trainer

Schon jetzt stand für mich fest, dass ich einmal die höchste Trainerlizenz⁶ in Händen halten wollte. Doch wie beim letzten Mal musste ich zuerst meine Erfahrungen als Trainer sammeln. Fußballlehrer zu sein, das war von nun an mein erklärtes Ziel. Also meldete ich mich nach einem Jahr zum nächsten Lehrgang⁷ an. Alles verlief nach Plan. In den Praxiseinheiten lernten wir viel über Mannschaftstaktik. Oft wurden Spielsituationen „eingefroren". Die ganze Mannschaft musste dann auf Kommando stehen bleiben. Jedem einzelnen Mannschaftsteil wurde dabei erklärt, wie er sich im Mannschaftsgefüge bewegen muss.

Wir analysierten auch andere Mannschaften und mussten die eigene taktisch auf diesen Gegner vorbereiten. Ich war froh, auch diese Prüfung bestanden zu haben. Nur noch ein letzter Lehrgang, dann könnte ich jede Mannschaft im In- und Ausland, sogar in der Champions League oder Nationalmannschaft trainieren. Auch als Auslandsexperte für den Fußballverband könnte ich arbeiten.

Ich wollte zum „Fußballlehrer-Lehrgang". Um bei dieser letzten zehnmonatigen Ausbildung dabei sein zu dürfen, musste ich schon im Vorfeld Prüfungen ablegen. Außerdem sollte ich in einem persönlichen Gespräch erklären, warum ich diese Lizenz überhaupt brauchte. Eigentlich hatte ich nichts falsch gemacht. Doch nach vier Wochen bekam ich die ernüchternde Antwort, dass ich keinen der 25 Plätze ergattern konnte.

Als ich mich schon damit abgefunden hatte, erhielt ich plötzlich doch noch eine Zusage vom Chef-ausbilder[8]:

„Aufgrund des hohen Bedarfs an bestausgebildeten Trainern haben wir uns entschieden, einen weiteren Fußballlehrer-Lehrgang anzubieten! Der Fußballpräsident[9] möchte, dass wir ausbilden."

Natürlich konnte ich meine Freude kaum zurückhalten. Schon wenige Wochen später begann ich meine Ausbildung. Mit knapp 30 Leuten[10] kamen wir auf über 5000 Erstliga-Einsätze. Wir lernten viele, sehr hilfreiche Dinge. Doch das Wichtigste brachte uns der Ausbilder während einer heißen Diskussion bei: „Leute, wir haben Fußball nicht erfunden! Es gibt immer verschiedene Möglichkeiten, eine Situation zu lösen." Dem konnte keiner widersprechen.

Neben den Abschlussprüfungen hatten wir nur noch das Blitzlichtgewitter bei der offiziellen Ernen-

Stationen als Spieler:

SpVgg Nickenich

SpVgg Andernach

Bayer 04 Leverkusen

Dynamo Dresden

Rot-Weiß Essen

Erfolge als Spieler:

1988 Deutscher Vizemeister

U19 Bayer Leverkusen

Stationen als Trainer:

CSV Stuttgart

VfL Hamm

Sportfreunde Siegen II

Sportfreunde Siegen U17

Nairobi Citystars (Kenia)

Nakuru Allstars (Kenia)

Lizenz:

UEFA Pro

(DFB-Fußball-Lehrer)

[8] Erich Rutemöller

[9] Theo Zwanziger

[10] u.a. Jens Keller, Ciriaco Sforza, Mario Basler, Olaf Marshall

nung zu überstehen. Dann war es geschafft. Ich war überglücklich. 6 ½ lange Jahre hatte es gedauert, um endlich Fußballlehrer zu werden.

Von meinen Trainern habe ich echt viel gelernt. Das, was wir in den theoretischen Einheiten bei der DFB-Trainerausbildung durchgenommen haben, wurde danach immer auf dem Sportplatz ausprobiert. In der Praxis wurde die Theorie verinnerlicht und somit zur eigenen Erfahrung. Jesus ist der beste Lehrer. Von ihm lerne ich bis heute jeden Tag spannende Dinge. Jesus bringt mir Sachen bei und fordert mich auf, sie in meinem Leben anzuwenden. Oft verstehe ich erst, was er meint, wenn ich es tatsächlich in die Praxis umgesetzt habe.

TRAINER

72 % der Cheftrainer in der ersten und zweiten Bundesliga (Saison 2013/2014) waren selbst einmal Profifußballer.

72 %

Seit der Einführung der Bundesliga im Jahr 1963 gab es im Schnitt 10,5 Trainerwechsel pro Saison (ohne Interimstrainer).

Colin Bell (links) freut sich als Assistenztrainer des 1. FC Köln über den Sieg gegen Bayern München.

COLIN BELL

ASSISTENZTRAINER

Mittlerweile arbeitete ich seit 6 Jahren als Trainer in diesem Verein[1]. Ich gab wirklich alles und gemeinsam kämpften wir um den Aufstieg. Doch leider wurden wir in der Relegationsrunde nicht für die Anstrengungen, die wir auf uns genommen hatten, belohnt. Einige talentierte Spieler verwirklichten sich diesen Traum auf andere Weise. Höherklassige Mannschaften waren auf sie aufmerksam geworden. In der folgenden Spielzeit[2] konnten wir aufgrund der vielen Abgänge nicht überzeugen und landeten nur im Mittelfeld der Tabelle. Aufzugeben kam für mich nie infrage. Aber nach einem Spiel saß ich auf der Trainerbank und musste mir eingestehen, dass nichts mehr ging.

„Ich kann nicht mehr", sagte ich aufgelöst zu meinem Chef und langjährigen Weggefährten. „Du hörst auf?", fragte er mich. Ich nickte zustimmend.

Unsere Wege trennten sich und ich wusste nicht, was ich jetzt tun sollte. Mein Ziel war es, Trainer einer Erstligamannschaft zu werden. Doch nun war ich ohne Verein und weit davon entfernt. Doch zwei Wochen später wendete sich das Blatt.

[1] TuS Koblenz
[2] 1997/1998

[3] U17

[4] 1. FC Köln

[5] Viererkette

[6] Gegen Bayer 04 Leverkusen unter Trainer Frank Schaefer

[7] Marcus Steegmann

[8] Bernd Steegmann

[9] Treffen mit Tony Woodcock

Ich bekam das Angebot, die B-Jugend[3] eines Erstligaclubs[4] zu trainieren – und sagte zu. Im Sommer sollte ich dort loslegen. Also hatte ich drei Monate Zeit, um mich zu erholen und die neue Aufgabe in Angriff zu nehmen. Ich besuchte die Mannschaft am Trainingsplatz und schaute mir einige ihrer Spiele an. Jedoch wollte ich eine Sache ganz anders machen und entschied mich, mit dieser Mannschaft ein neues Spielsystem einzustudieren: 4-4-2[5]. Auf den üblichen Libero wollte ich verzichten und von Manndeckung auf Raumdeckung umstellen. Das war riskant. Viele hielten mich für verrückt und ich wusste, dass jede Niederlage ihre Annahme bestätigen würde.

Doch die Jungs zogen super mit. Nach zehn Spielen hatten wir neun Siege und ein Unentschieden[6] auf dem Konto. Einer meiner wichtigsten Spieler[7] hatte allerdings einen schwierigen Stand.

„Der spielt doch nur, weil er der Sohn vom Vizepräsidenten[8] ist", bekam ich oft zu hören. Sein Zuhause lag auf dem Weg, als ich einen anderen Termin[9] wahrnehmen musste. Also fuhr ich ihn eines Abends nach Hause. Auf der Fahrt sprach ich ihn an:

„Für dich ist es hier nicht so einfach, stimmt's? Die Jungs denken, du spielst nur, weil dein Papa ein hohes Tier im

Colin Bell
Trainer

Verein ist." Ich hatte den Nagel auf den Kopf getroffen. Ich gab ihm den Rat, einfach nur das zu tun, was ich sage: „Aber mach es mit dem doppelten Engagement wie all die anderen in der Mannschaft!" So verabschiedeten wir uns voneinander.

Er nahm sich meinen Rat zu Herzen und haute so richtig rein. Seine Kritiker verstummten und schon nach drei Monaten war er Teil der Junioren-Nationalmannschaft[10]. Spätestens jetzt hatte jeder verstanden, dass er was draufhatte.

Ich konzentrierte mich voll auf meine Aufgabe mit den Jugendlichen. Wir waren erfolgreich. Doch bei den Profis reihte sich eine Niederlage an die andere. „Wir brauchen wieder Leidenschaft im Klub", wetterte der Manager. „Wir brauchen einen Trainer, der der Truppe Disziplin und Ordnung beibringt." Damit stand fest, dass der Alte[11] gehen musste. Ein neuer Trainer[12] für die Profis war schnell gefunden und ein paar Wochen später ging man auf die Suche nach einem Assistenten.

Ein überraschendes Angebot

Der Vizepräsident hatte die Entwicklung seines Sohnes unter meiner Regie begeistert verfolgt. Auch der Erfolg meiner Mannschaft war ihm nicht entgangen. Eines Tages stand er am Spielfeldrand und winkte mich zu sich herüber.

„Wir müssen reden. Es sieht ganz so aus, als würdest du neuer Co-Trainer der Profis werden! Der Manager wird dich bald anrufen."

Ich war völlig überrascht, total aufgeregt, doch schlau genug, um niemandem davon zu erzählen. Das erwies sich als genau richtig. Drei Tage lang hörte ich nichts und hakte die Sache ab. Aber dann

Name: Colin Bell

Geburtsdatum: 05.08.1961

Geburtsort:
Leicester, England

Größe: 1,77 m

Nationalität:
England, Deutschland

Fuß: rechts

Position: Trainer

Spitzname: –

Aktueller Verein:
1. FFC Frankfurt

Stationen als Spieler:
Leicester City
VfL Hamm/Sieg
TuS Schloß Neuhaus
FV Bad Honnef
1. FSV Mainz 05

[10] U17
[11] Peter Neururer
[12] Lorenz-Günther Köstner

regte sich etwas. Zuerst wurde mir ausgerichtet, dass ich am nächsten Morgen um neun Uhr ins Büro des Managers kommen sollte. Kurz darauf rief der neue Profitrainer an und forderte mich auf, so weiter zumachen wie bisher.

Ich war total durcheinander. „Warum soll ich so weitermachen, wenn ich als sein Assistent im Gespräch bin?", fragte ich mich. Nach einer schlaflosen Nacht ging ich morgens zu meinem Termin. Der Manager kam direkt zur Sache.

„Wir haben uns von unserem Co-Trainer getrennt. Es gibt Stimmen im Verein, die behaupten, dass Sie der Beste für diesen Posten sind. Möchten Sie den Job haben?"

Ich musste mich zwingen, vor Freude nicht laut loszuschreien, und sagte so nüchtern, wie ich konnte: „Klar mach ich das!" Allen, die mir wichtig waren, wollte ich von dieser großartigen Nachricht erzählen. Ich grinste den ganzen Tag und rief einen nach dem anderen an. Am Nachmittag verabschiedete ich mich von meinen Jungs, mit denen ich tagtäglich gearbeitet hatte. Sie waren traurig, aber auch mächtig stolz, dass ihr Trainer nun die Profis betreute.

Die Verantwortung als Assistent

In den nächsten Tagen traf ich mich häufig mit dem Cheftrainer. Schon beim ersten Mal war meine Unsicherheit wie weggeblasen. „Ich bin bereit, dir eine echte Chance zu geben!", ermutigte er mich. Er erklärte mir genau meine Aufgaben. Natürlich sollte ich ihn auf dem Platz unterstützen. Dazu gehörte es, das Aufwärmen der Mannschaft zu übernehmen, Stationen zu leiten und die Zusammenarbeit mit den Medizinern zu koordinieren. Aber auch ganz

POSITION

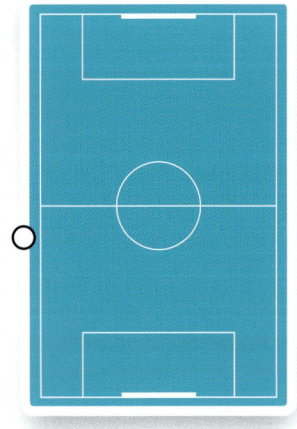

Trainer

einfache Sachen wie das Aufstellen von Hütchen, die anfangs absichtlich umgestoßen wurden, um mich, „den Neuen", zu provozieren.

Bei Spielformen kickte ich manchmal mit. Wenn ich da keine gute Figur gemacht hätte, wäre ich bei den Jungs eh unten durch gewesen. Doch schon bald erarbeitete ich mir den nötigen Respekt. Ich funktionierte gut als Bindeglied zwischen dem Cheftrainer und der Mannschaft. Meistens war ich als Erster in der Kabine. Dort stellten mir die Spieler immer die gleiche Frage: „Und was machen wir heute?" Daraufhin gab ich ihnen die Informationen weiter, die ich vorher immer pünktlich von meinem Chef bekommen hatte.

Taktik, das war sein Ding. Ich hörte mir immer erst seine Strategie an, bevor ich ihm meine Ideen anbot. Mit einer solchen Idee brachte ich ihn allerdings einmal völlig aus dem Konzept. Ein Auswärtsspiel gegen eine Topmannschaft[13] stand uns bevor.

„Ich würde es ganz anders machen", sagte ich. „Ich würde den Spielmacher[14] in Manndeckung nehmen!", und erklärte ihm meine bevorzugte Taktik.

„Du spinnst doch!", antwortete er forsch und damit war das Thema für mich erledigt.

Am nächsten Morgen überraschte er mich: „Deinetwegen konnte ich die ganze Nacht nicht schlafen. Weißt du was? Wir machen es genau so, wie du gesagt hast."

Von dem Spielmacher sah man das ganze Spiel über nicht viel und wir gewannen das Spiel verdient. Ich freute mich, denn ich hatte einen wichtigen Beitrag leisten dürfen. Am Ende der Saison trennten sich unsere Wege. Mein Cheftrainer verließ den Verein und auch ich musste mir ein neues Betätigungsfeld suchen.

Stationen als Trainer:
TuS Koblenz
1. FC Köln (Co-Trainer)
Dynamo Dresden
VfL Hamm/Sieg
SV Waldhof Mannheim
1. FSV Mainz 05 II
Preußen Münster
SC 07 Bad Neuenahr

Erfolge als Trainer:
1998 Mittelrhein-Meister (U17)

2002, 2003, 2004, 2005 Südwest-Pokal-Sieger

2003 Meister Oberliga Südwest

2005, 2006 Rheinland-Pokal-Sieger

2007 Meister Regionalliga Südwest (U19)

2006, 2007, 2008, 2009 4x Aufstieg in Serie
2014 Deutscher Pokalsieger (Frauen)

Lizenz:
UEFA Pro
(DFB-Fußball-Lehrer)

[13] 28.02.1998
FC Bayern München – 0
1. FC Köln – 2

[14] Mehmet Scholl

Ein Cheftrainer muss seinem Assistenten absolut vertrauen können. Auch der Co-Trainer sollte sich auf seinen Chef verlassen dürfen. Bei manchen Trainergespannen klappt das Zusammenspiel so gut, dass sie, egal, bei welchem Verein, nebeneinander auf der Bank sitzen. Sie sind unzertrennlich. Bei Gott und mir sollte es genauso sein. Gott ist mein Cheftrainer. Auf seine Treue kann ich mich immer verlassen. Aber ich als Assistent habe ihn schon viele Male enttäuscht und hintergangen. Doch er bleibt treu, auch wenn ich untreu bin. Obwohl ich ihn enttäusche, gibt er mir neue, verantwortungsvolle Aufgaben.

ALLES TRAINER, ODER WAS?

Um eine Fußballmannschaft professionell betreuen zu können, braucht man neben dem Trainer noch andere Mitarbeiter. Zu diesem sogenannten „Funktionsteam" gehören folgende Personen:

POSITION	AUFGABE
Cheftrainer	trägt die sportliche Verantwortung
Assistenztrainer	unterstützt den Chef-Trainer, besonders in der praktischen Umsetzung des Trainings
Torwarttrainer	führt das individuelle Training der Torhüter durch
Fitnesstrainer	trägt die Verantwortung für das Fitnesslevel der Spieler
Mentaltrainer	führt Gespräche und motiviert die Spieler zu Höchstleistungen
Physiotherapeut	betreut gesunde und verletzte Spieler (z. B. Massage, Rehabilitation)
Mannschaftsarzt	beurteilt den gesundheitlichen Zustand der Spieler
Zeugwart	ist verantwortlich z. B. für Spielkleidung und Trainingsmaterial
Scout	beobachtet und analysiert die Gegner und vereinsfremde Spieler
Video-Analyst	stellt Videos zur taktischen Analyse des Gegners und der eigenen Mannschaft zusammen
Mentor/Chaplain	steht den Spielern im persönlichen/geistlichen Bereich zur Seite

Im DFB-Pokal gegen 1860 München sitzt Frank Schaefer zum ersten mal als Cheftrainer auf der Bank.

FRANK SCHAEFER

CHEFTRAINER

Ich habe mich gefreut, als mir die Verantwortung für die zweite Mannschaft des Vereins[1] übertragen wurde. In diesem Team spielten Fußballer mit großem Talent, die mit vollem Elan bei der Sache waren. Mit diesen fußballhungrigen Jungs zu arbeiten, machte mir unheimlich viel Spaß, was natürlich auch an den gemeinsamen Erfolgen lag. Schon im ersten Jahr hatten wir den Aufstieg in die vierte Liga[2] geschafft. Einer kämpfte für den anderen. Und so behaupteten wir uns auch in der neuen Spielklasse. Ich freute mich, wenn für manche[3] der Traum tatsächlich in Erfüllung ging und sie den Sprung in den Profikader schafften.

Im Gegensatz zu uns, die wir häufig als Sieger vom Platz gingen, spielte das Profiteam gegen den Abstieg[4]. Nach nur fünf Punkten aus neun Spielen bildete die Mannschaft das Schlusslicht der Liga. Es gab Spruchbänder gegen die damaligen Verantwortungsträger. „Ihr macht den Verein kaputt", war darauf zu lesen.

Dass das nächste Spiel ein Endspiel für den Trainer werden würde, war allen klar. Wenn ein neuer Trai-

[1] 1. FC Köln
[2] Regionalliga West
[3] z.B. Reinhold Yabo
[4] Saison 2010/2011

Frank Schaefer
Trainer

ner eingesetzt werden müsste, sollte er aus den eigenen Reihen kommen, so viel war bereits durchgesickert. Obwohl ich mir als Trainer einer erfolgreichen 2. Mannschaft durchaus Chancen ausrechnen durfte, wollte ich die Entscheidung der Vereinsführung in keiner Weise zu meinen Gunsten beeinflussen. Ich hatte in der Vergangenheit gut mit dem Trainer der Profis zusammengearbeitet und war froh, dass mich weder Vereinsführung noch Presse um eine Einschätzung der Situation baten.

Das Endspiel[5] auf fremdem Platz kam und wurde verloren. Nach dem Abpfiff schwiegen Spieler und Funktionäre. Aber im Hintergrund wurde nun die Trennung vom bisherigen Trainer vollzogen und die Suche nach einem neuen eingeleitet.

Es überraschte mich nicht, dass man auf mich zukam: „Stellen Sie sich darauf ein, dass die Vereinsführung bei Ihnen anrufen wird", hieß es.

„Fußball ist schnelllebig", dachte ich und kam am nächsten Morgen ganz normal meiner Verantwortung als Trainer der 2. Mannschaft nach. Während ich mir das Heimspiel der A-Jugend[6] anschaute, klingelte aber dann tatsächlich mein Telefon.

„Der Vorstand möchte sich gerne mit Ihnen unterhalten", meldete sich der Manager. „Es geht um die Besetzung des Cheftrainerpostens." Er nannte

[5] 23.10.2010
Hannover 96 – 2
1. FC Köln – 1

[6] 24.10.2010
1. FC Köln U19 – 2
SpVgg Erkenschwick U19 – 0

mir einen geheimen Treffpunkt, an dem uns die stets aufmerksame Presse nicht vermuten würde.

Am späten Nachmittag traf ich dort ein und wurde bereits erwartet. Eine der ersten Fragen lautete: „Trauen Sie sich zu, diese Mannschaft zu retten?"

Da ich die „Zweite" zu einer funktionierenden Einheit geformt hatte, antwortete ich entschlossen: „Ja, ich glaube, dass mir das auch bei den Profis gelingt."

„Was würden Sie anders machen? Wie sieht Ihr genaues Konzept aus?", wollte der Vorstand wissen. Meine Antwort war:

„Ich möchte einen aktiven Fußball spielen. Aber dafür brauche ich eine Mannschaft, in der eine gute Atmosphäre herrscht."

Kurzfristige Erfolge waren notwendig und zugleich musste sich die Mentalität im Team wandeln, was ja nicht von heute auf morgen geht. Ich war mir dieser großen Herausforderung bewusst.

Nach einer Stunde wurde ich verabschiedet. Der Vorstand wollte alleine tagen und mich in zwei Stunden anrufen. Schon nach 45 Minuten wurde ich zum neuen Profitrainer ernannt. Mit der Pressemitteilung, die schon eine Stunde später rausging, hatte ich es auch Schwarz auf Weiß.

Schlag auf Schlag

Ab diesem Moment änderte sich mein Leben. In 48 Stunden würden wir schon im Pokal[7] um den Einzug ins Viertelfinale kämpfen. Ich musste meine Nachfolge in der U21[8] regeln und natürlich einen Co-Trainer bestimmen. Meine Wahl fiel auf einen anderen Jugendtrainer, einen ehemaligen Profi[9] und verdienten Spieler des Vereins. Mit ihm und dem Funktionsteam besprach ich mich im Vereinsheim.

Name: Frank Schaefer

Geburtsdatum: 26.10.1963

Geburtsort:
Köln, Deutschland

Größe: 1,75 m

Nationalität: Deutschland

Fuß: rechts

Position: Leiter Nachwuchsleistungszentrum

Spitzname: Der Schäfer

Aktueller Verein:
1. FC Köln

Stationen als Spieler:
1. FC Köln (Jugend)

[7] DFB-Pokal

[8] Rainer Thomas

[9] Dirk Lottner

[10] AF DFB-Pokal
26.10.2010

[11] 30.10.2010
1. FC Köln – 3
Hamburger SV – 2

Ich ließ mein Handy solange aus und schaltete es erst auf dem Weg nach Hause wieder ein. Es hörte gar nicht mehr auf zu piepen. Diese Masse an Rückmeldungen ließ mich erkennen, wie sehr ich nun im Fokus der Öffentlichkeit stehen würde.

Auf Pressekonferenzen unseres Vereins ist immer viel los. Das Interesse der Medien wurde aber noch größer, als ich von meinen Plänen für die Mannschaft erzählte. Entsprechend nervös war ich. Der Termin dauerte eine halbe Stunde, danach traf ich endlich meine Mannschaft. Nach einer kurzen Vorstellungsrunde ging es zum öffentlichen Training auf den Platz. Es war die erste und einzige Einheit vor dem Pokalspiel[10] am nächsten Abend. Es war nicht mehr als ein leichtes Antraben. Wir wussten, dass wir unseren Schwerpunkt nun auf Einzelgespräche legen mussten. Im Hotel bemühten wir uns, so ein Gespür für Spieler und Mannschaft zu bekommen.

Obwohl wir unsere taktischen Hausaufgaben gemacht hatten, blieb das Ergebnis unvorhersehbar. Mir fiel ein Stein vom Herzen, als der Schlusspfiff ertönte und unser Weiterkommen nach einem 3:0-Sieg feststand. Diesen Schwung wollten wir mit ins Ligaspiel nehmen. Für die Fans waren mein Trainerteam und ich zum Hoffnungsträger geworden. Ich wollte sie nicht enttäuschen und hoffte, meine Leidenschaft auch irgendwie auf meine Spieler übertragen zu können. Und es gelang. Wir drehten das nächste Ligaspiel gegen einen guten Gegner[11] und gewannen durch den Siegtreffer sieben Minuten vor Schluss.

„Daran hat der Trainer großen Anteil", sagte einer der Schlüsselspieler im Interview. Die Stadt stand nun endgültig kopf.

POSITION

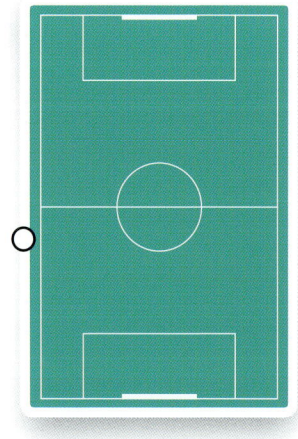

Trainer

Chancen nutzen

Die Presse hatte bei meinen bisherigen Aufgaben kaum eine Rolle gespielt. In meinem neuen Job jedoch war dieser Teil der Arbeit sehr wichtig – und zugleich eine Chance, um mehr zu transportieren als nackte Ergebnisse. Gerade den Cheftrainer eines Vereins wollen die Fans, Mitglieder und Leser möglichst als Person kennenlernen. Dass ich ein gläubiger Mensch bin, wollte ich ihnen nicht verschweigen. Daher nutzte ich ein Interview mit einer bekannten Zeitung[12] dazu, von diesem wichtigen Teil meiner Persönlichkeit zu erzählen.

„Ich überlasse Gott die Führung in meinem Leben", war am nächsten Tag in großen Buchstaben zu lesen. Gerade weil ich nun so viel Verantwortung hatte, war ich froh, mich darauf verlassen zu können, dass Gott mich leitet – bei allen Entscheidungen.

Unser gemeinsamer Wunsch war es, den Klassenerhalt vor der Fankurve zu feiern. Besonders bei Heimspielen sammelten wir viele wichtige Punkte und Sympathien bei den Fans. Doch kurz vor Ende der Saison, nach drei deutlichen Niederlagen[13] in Folge, wurde mir klar, dass ich der Mannschaft nicht mehr so helfen konnte, wie ich es mir wünschte.

Es gehört in einer so verantwortlichen Position wie der des Cheftrainers dazu, auch bei unangenehmen Erkenntnissen mit sich selbst und seinem Umfeld gegenüber ehrlich zu sein. Ich hatte mich an zu vielen Themen aufgerieben. Aber ich war mir sicher, dass ein neuer Trainer[14] die entscheidenden neuen Impulse geben könnte. Es fiel mir unglaublich schwer, doch ich trat drei Spieltage vor Saisonende zurück. Jedem, der mich nach den Gründen fragte, sagte ich das Gleiche:

Stationen als Trainer:

1. FC Köln (Jugend)
Bay. 04 Leverkusen (Jugend)
1. FC Köln II
1. FC Köln

Erfolge als Trainer:

1990 Deutsche Meisterschaft (B-Junioren)

1992 Deutsche Vize-Meisterschaft (A-Junioren)

2003 deutsche Vizemeisterschaft (U19)

2009 Aufstieg in die Regionalliga West

Saison 2010/2011
7 Bundesliga-Heimspielsiege in Folge
Vereinsrekord

Lizenz:
UEFA Pro
(DFB-Fußball-Lehrer)

[12] Kölner Express

[13] B. Mönchengladbach – 5
1. FC Köln – 1;
1. FC Köln – 1
VfB Stuttgart – 3;
VfL Wolfsburg – 4
1. FC Köln – 1

[14] Volker Finke

15 1. FC Köln – 2
Bayer 04 Leverkusen – 0;
Eintracht Frankfurt – 0
1. FC Köln – 2;
1. FC Köln – 2
FC Schalke 04 – 1

„Es geht hier nicht um mich, sondern um den Verein, die Mannschaft und den Klassenerhalt. Dafür haben wir alle sechs Monate hart gekämpft. Der Traum eines Einzelnen darf diesem Ziel jetzt nicht im Wege stehen."

Natürlich fieberte ich die nächsten drei Spiele[15] mit und freute mich sehr, als das Team alle Spiele gewann und am Ende der Saison Platz zehn belegte. Ich war überzeugt, dass meine Entscheidung richtig gewesen war, und hoffte, dass das auch die Fans einsehen würden, die es im Moment meines Rücktritts noch nicht verstanden hatten.

Mit dem Reporter einer Boulevardzeitung über die Bedeutung Gottes für mein Leben zu sprechen, hat mich viel Mut gekostet. Ich hätte auch einfach über Fußball reden können. So war ich gespannt, wie die Reaktionen der Leser auf dieses Interview ausfallen würden. Ich möchte dich ermutigen, deinen Glauben an Jesus Christus öffentlich zu machen. Teile das, was dir wichtig ist, mit anderen! Ich habe es getan und keine einzige negative Reaktion, sondern unglaublich viel Zuspruch geerntet.

UND JETZT ...
AB AUF DEN PLATZ!

Wie unsere 18 Sportler (und der Autor des Buches) zusammen
in einer Fußballmannschaft spielen würden, erfährst du hier:

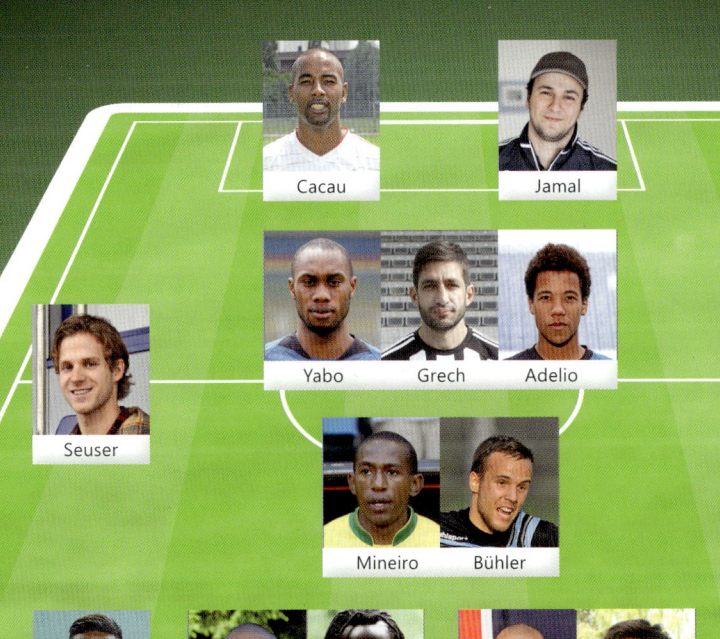

Cacau

Jamal

Pagé

Yabo

Grech

Adelio

Seuser

Zé Roberto

Bell

Mineiro

Bühler

Schaefer

Alaba

António

Primus

Alex

Schneider

Kibogo

Zöller

ALEXANDER ZÖLLER

DANKE

Nach über 1200 Nachrichten, 650 versendeten und 430 empfangenen E-Mails schaue ich dankbar auf die vergangenen vier Monate zurück. Ich staune darüber, dass 102 Personen dazu beigetragen haben, „FUSSBALL – LEBEN" entstehen zu lassen.

An dieser Stelle möchte ich mich bei einigen Personen besonders bedanken: **Danke** für die Hilfe bei der Kontaktaufnahme: Mario Eizaga, Luciano da Silva, Ian Lancaster, Catherine Reaney, Dietmar Neß, Ashley Null. **Danke** für eure detailreichen Geschichten und das, entgegengebrachte Vertrauen: Felix Kibogo, Marc Seuser, Oduma Adelio, Josef Schneider, Ayoub Jamal, Manuel Bühler, Reinhold Yabo, Cacau, Leandro Grech, Marcos Antonio, Alex Costa, Zé Roberto, David Alaba, Mineiro, Linvoy Primus, Oliver Pagé, Colin Bell, Frank Schaefer. **Danke** für die spontanen und exakten Übersetzungsarbeiten: Mike Ponsford. **Danke**, dass Sie sich als Lektorinnen auf die Fußballer-Sprache eingelassen haben: Anita Schalk, Marcella Zapp. **Danke** an das SRS-Projektteam: Manuel Schmitt-Lechner, Mareike Hlusiak, Hans-Günter Schmidts. **Danke** für eure Liebe zum Detail: Daniel Janzen und René Schulte von Typowerk **Danke** für die kostenlose Bereitstellung eurer professionellen Bilder: Kibogo-Photography, Liberty Visual. **Danke** für die kostenlose Bereitstellung der Vereinslogos: CSV Düren, SV Ellingen, SC Paderborn 07, FK Austria Wien, CSV Neuwied, TSV 1860 München, Karlsruher SC, VFB Stuttgart, VfR Aalen, Paris Saint-Germain, Gremio Porto Alegre, FC Bayern München, FC Schalke 04, FC Portsmouth, Sportfreunde Siegen, 1. FFC Frankfurt, 1. FC Köln. **Danke** für die Begleitung im Gebet: Mike Vlajnic, Bernd Henrich, Mario Lefebre. **Danke** für eure Liebe und Geduld. Wir haben es geschafft: Conny, Talitha, Shirel.
Danke für alles: Jesus!

Für Sport. Für Menschen. Für Gott.

- Ermutigung von Sportlern, ein Leben mit Jesus zu beginnen und zu führen

- Sport-Camps & Trainingslager für Kinder, Jugendliche, Erwachsene und Senioren.

- Qualifizierung von Sportinteressierten, um andere Menschen in der Welt des Sports ganzheitlich zu unterstützen

- Förderung und Betreuung von Sportlern im Profi- und Hochleistungsbereich sowie deren Umfeld.

- Als Sportteams aktiv in 26 Sportarten (bei Camps, Wettkämpfen u.a.)

- Inspiration und Unterstützung christlicher Gemeinden, Kirchen und Verbände zum Auf- oder Ausbau sportmissionarischer Dienste

- Veranstaltungen mit SRS-Beteiligung in ganz Deutschland

- Trainieren & Tagen im außergewöhnlichen Sporthotel www.glockenspitze.de

Interessiert?

SRS e.V.
Telefon 0 26 81 9 41-1 50
info@SRSonline.de
www.SRSonline.de
facebook.com/SRSonline.de

BILDNACHWEIS

Titelfoto: Thinkstock/iStock/Sergey Nivens
Seite 4: Getty Images Sport
Seite 6/8/12/149: Kibogo Photography
Seite 14/16/20/149: Marc Seuser
Seite 22/149: SC Paderborn 07/M. Groppe
Seite 24/28: Alexander Henschel/Liberty Visual
Seite 29: Thinkstock/digital Vision/Jupiterimages
Seite 30/32/36/149: Josef Schneider
Seite 36: Thinkstock/iStock/Andy Dean
Seite 38: imago/Krieger
Seite 40/44/149: Alexander Henschel/Liberty Visual
Seite 46: Sportpressefoto M.i.S.
Seite 48/52/149: Anne Wild/München
Seite 53: thinkstock/Fuse
Seite 54: imago/Moritz Müller
Seite 56: Getty Images/Bongarts/Micha Will
Seite 60/149: Getty Images/Bongarts/Thomas Niedermueller
Seite 61: istockphoto.com/zoomstudio
Seite 62: image/Team 2
Seite 64/68/149: Getty Images/Bongarts/
Seite 70: Getty Images/Bongarts/Johannes Simon
Seite 72: Getty Images/Bongarts
Seite 76/149: imago/VfR Aalen
Seite 78/80: imago/Bernd Müller
Seite 84/149: Getty Images/Bongarts /Thomas Langer
Seite 86: imago/ulmer
Seite 88: Getty Images /AFP/Kenzo Tribouillard
Seite 92/149: Getty Images/AFP/ Patrick Kovarik
Seite 94: Getty Images/Getty Images Sport/Mark Thompson
Seite 96: Getty Images/LatinContent/ FatoPress/CON/
Seite 100/149: Getty Images Sport/Lucas Uebel
Seite 101: Thinkstock/iStock/3dfoto
Seite 102: imago/MIS
Seite 104: Getty Images/Bongarts/Dennis Grombkowski
Seite 108/149: Getty Images/Bongarts/Daniel Kopatsch
Seite 110: Getty Images/AFP/Antonio Scorza
Seite 112: imago/Team 2
Seite 116/149: Getty Images/Bob Thomas Sports Photography/Bob Thomas
Seite 118: Joe Pepler/Bluepitch Media
Seite 120: Getty Images/Getty Images Sport/Phil Cole
Seite 124/149: Linvoy Primus
Seite 125: istockphoto.com/walik
Seite 126: imago/Pressefoto Baumann
Seite 128/149: Getty Images/Bongarts/Joern Pollex
Seite 132: Oliver Pagé
Seite 134: imago/Kicker/Liedle
Seite 136/140/149: SIDI-Sportmanagement
Seite 141: thinkstock/iStock/Inger Anne Hulbækdal
Seite 142: Getty Images/Bongarts/Christof Koepsel
Seite 144/148/149: imago/Eduard Bopp

WELTmeisterso

Frankreich
1998

England
1966

Spanien
1982

USA
1994

Mexiko
1970
und
1986

Brasilien
1950
und
2014

Argentinien
1978

Chile
1962